ERICH
SCHMIDT
VERLAG

St. Galler Schriften für Tourismus und Verkehr

Band 9

Institut für Systemisches Management
und Public Governance

Universität St.Gallen

Wettbewerb und Digitalisierung im alpinen Tourismus

Schweizer Jahrbuch für Tourismus 2017/2018

Herausgegeben von

Prof. Dr. Thomas Bieger
Prof. Dr. Pietro Beritelli
Prof. Dr. Christian Laesser

Mit Beiträgen von

Prof. Dr. Bruno Abegg
Roland Anderegg
Julia Angermann
Dr. Monika Bandi Tanner
Severin Baumgartl
Alexander Bauer
Prof. Dr. Pietro Beritelli
Dr. Daniel Fischer
Edgar Grämiger
Christian Gressbach
Carmen Heinrich
Annika Herold
Richard Kämpf
Daniel Kern
Florian Kreß

Prof. Dr. Christian Laesser
Prof. Dr. Martin Lohmann
Adrian Pfammatter
Dr. Frieda Raich
Dr. Stephan Reinhold
Thomas Reisenzahn
Christoph Schlumpf
Angela Steffen
Prof. Dr. Robert Steiger
Prof. Dr. Jürg Stettler
Patrick Stoiser
Philipp Wagner
Roger Walser
Dr. Roland Zegg
Prof. Dr. Anita Zehrer

ERICH SCHMIDT VERLAG

Bibliografische Information der Deutschen Nationalbibliothek
Die Deutsche Nationalbibliothek verzeichnet diese Publikation
in der Deutschen Nationalbibliografie; detaillierte bibliografische Daten
sind im Internet über http://dnb.d-nb.de abrufbar.

Weitere Informationen zu diesem Titel finden Sie im Internet unter
ESV.info/978 3 503 17709 7

Gedrucktes Werk: ISBN 978 3 503 17709 7
eBook: ISBN 978 3 503 17710 3

ISSN 1869-5345

Dieses Papier erfüllt die Frankfurter Forderungen
der Deutschen Nationalbibliothek und der Gesellschaft für das Buch
bezüglich der Alterungsbeständigkeit und entspricht sowohl den
strengen Bestimmungen der US Norm Ansi/Niso Z 39.48-1992
als auch der ISO Norm 9706.

Druck und Bindung: Difo-Druck, Bamberg

Inhaltsverzeichnis

Thomas Bieger, Pietro Beritelli, Christian Laesser
Vorwort der Herausgeber VII

Stephan Reinhold, Christian Laesser, Pietro Beritelli
Impulse für die Forschung zum Management und Marketing von
Destinationen: Erkenntnisse aus sechs Jahren ADM Forum 1

Branchen

Thomas Reisenzahn, Patrick Stoiser
Der Hotelgast als Investor –
Buy-to-let als Finanzierungsalternative für Hotels 13

Roland Zegg, Edgar Grämiger, Carmen Heinrich, Daniel Kern
Bergbahnen wohin?
Alpine Destinationen und ihre Bergbahnen – wohin bewegen sich die
Märkte? 21

Roland Lymann, Anna Wallebohr, Lisa Fickel, Julia Huilla
Wandel im Wellnessverständnis – Auswirkungen auf Wellnesshotels
und die Gastgeberrolle 33

Wettbewerb/Nachhaltigkeit

*Florian Kreß, Julia Angermann, Alexander Bauer, Severin Baumgartl,
Robert Steiger, Bruno Abegg*
„Keep Up The Good Work"? – Eine kritische Anwendung der
Importance-Performance-Analyse zur Steigerung der touristischen
Wettbewerbsfähigkeit am Beispiel der Lenzerheide 45

Richard Kämpf, Christoph Schlumpf
Der touristische Arbeitsmarkt braucht Innovationen
Herausforderungen, Lösungsansätze, Best Pracices 61

Martin Lohmann, Philipp Wagner
Die Austauschbarkeit von Alpenzielen – Wettbewerbssituation auf dem
deutschen Markt aus der Nachfrageperspektive 73

Roland Anderegg, Christian Gressbach, Roger Walser
Erfolgsfaktoren für Themendestinationen – Die Plattform „Herbert" als
Beispiel für Mountainbike-Tourismus in Graubünden   89

Digitalisierung

Daniel Fischer, Annika Herold
„Digitalisierung – Chancenpotenziale für den alpinen Tourismus"   103

Angela Steffen, Jürg Stettler
Aufbau von Online-Marketing Kompetenzen in alpinen Destinationen
Herausforderungen und Lösungsansätze am Fallbeispiel Saas-
Fee/Saastal   115

Qualität

Frieda Raich, Anita Zehrer
Die Bedeutung von Beziehungsqualität im Tourismus: Besonderheiten
in familiengeführten Unternehmen   129

Monika Bandi, Adrian Pfammatter
Der Erlebnis-Check – Ein Wahlmodul für das „Qualitäts-Programm 3.0"
des Schweizer Tourismus   141

Autorenverzeichnis   155

Vorwort der Herausgeber

Das diesjährige Jahrbuch für Tourismus ist vier Hauptthemen gewidmet: (1) Beiträge zu Branchen, (2) Wettbewerb und Nachhaltigkeit, (3) Digitalisierung und (4) Qualität. Zusätzlich liefern wir einen einleitenden Artikel, der den Zwischenstand der Forschung und Praxis zum Destinationsmanagement liefert. Der Beitrag stützt sich auf die Erkenntnisse der vergangenen drei Durchführungen des ADM Forums (Advances in Destination Management) von 2012, 2014 und 2016. Seit den Anfängen zur Thematik, die mit Beiträgen wie *Vacationscape* (1972) von Clare Gunn geprägt wurden, hat sich Destinationsmanagement als interdisziplinärer Ansatz im Tourismus weiterentwickelt und differenziert. Die ADM-Konferenzen dienen Forschern und Praktikern, die aktuellsten Themen und Fragestellungen zu vertiefen. Wir liefern hierzu einen kurzen Rückblick.

Der Teil, der sich mit Branchen befasst, konzentriert sich auf Hotels und Bergbahnen, zwei typische Vertreter des alpinen Tourismus. Thomas Reisenzahn und Patrick Stoiser liefern einen strukturierten Überblick zum immer populärer werdenden 'buy-to-let'. Hierbei kauft ein Investor Hotel- oder Appartement-Einheiten, um diese selbst zu nutzen und weiter zu vermieten. In der Parahotellerie hat dieser Ansatz schon seit einigen Jahren Einzug gehalten. In der Hotellerie ist es ein jüngeres Phänomen. Bergbahnen sehen sich einem zunehmenden Wandel ausgesetzt. Nicht nur die Rahmenbedingungen (Wetterrisiken, technologischer Fortschritt/ Anforderungen) oder der steigende Wettbewerbsdruck aufgrund von Überkapazitäten, sondern – und dies als grundlegende Herausforderung – der gesellschaftliche Wandel, führen zur Notwendigkeit einer Neuausrichtung. Der Beitrag von Zegg, Grämiger, Heinrich und Kern liefert eine Diskussion über die aktuelle Situation und schlägt marketingbezogene Strategien vor. Den Abschluss dieses Teils macht der Beitrag von Roland Lymann, Anna Wallebohr, Lisa Fickel und Julia Huilla zum neuen Verständnis des Wellnesstourismus. Auch hier zeigt sich, dass der gesellschaftliche Wandel die Branche zwingt, sich anzupassen und durch verschiedene Innovationen laufend mit der Nachfrage Schritt zu halten.

Um im Wettbewerb auch als Destination mitzuhalten werden verschiedene Analysemethoden verwendet. Für die Destination Lenzerheide wurde eine Importance-Performance-Analyse durchgeführt. Die Autoren (Kress, Angermann, Bauer, Baumgartl, Steiger und Abegg) stellen nicht nur die Resultate für den einzelnen Fall vor, sondern liefern eine vertiefte Diskussion über die Anwendung der Methode. Richard Kämpf und Christoph Schlumpf präsentieren in einer Studie über den touristischen Arbeitsmarkt in der Schweiz die jüngsten Erkenntnisse. Der Beitrag ist nicht nur aktuell in Bezug auf die Daten, sondern kommt zu einem Zeitpunkt, in welchem die (1) Digitalisierung auch im Tourismus die persönlichen Dienstleistungen mit den entsprechenden Kompetenzen der Mitarbeiter grundlegend verändert und (2) der demographische und soziale Wandel der Gesellschaft Berufe im Tourismus vor neuen Führungsanforderungen und Arbeitsmodellen stellt. Auch mit dem Wettbewerb von Destinationen befasst sich der Artikel von Martin Lohmann und Philipp Wagner. Hier zeigt sich, dass – ähnlich wie bei der Betrachtung für die Bergbahnen oder Wellnessbetriebe – Tourismus in den Alpendestinationen einen Wandel/ eine Krise durchläuft, nicht primär weil die Regionen und Gebiete an sich unattraktiv oder uninteressant wären, sondern weil vor allem der verstärkte interne Wettbewerb aufgrund von Überkapazitäten bei zunehmend anderen Freizeitoptionen und Reisezielen weltweit die Positionierung der Reiseziele vor neuen Herausforderungen stellt. Schliesslich zeigen Anderegg, Gressbach und Walser am Beispiel des Mountainbike-Tourismus in Graubünden wie auf Erlebnisebene entlang der Wertschöpfungskette erfolgreich zusammengearbeitet wird: eine aktuelle und lehrreiche Fallstudie zur Wettbewerbsentwicklung von Destinationen.

Mit der Digitalisierung greifen wir erstmals in diesem Jahrbuch ein neues Hauptthema auf, das aber in den kommenden Jahren weiter beschäftigen wird. Daniel Fischer und Annika Herold liefern einen einleitenden Beitrag, in welchem vor allem mithilfe der 'customer journey' (= Kundenreise, Wertschöpfungskette aus der Sicht des Gastes) aufgezeigt wird, an welchen Stellen überall die Digitalisierung in den Alltag Einzug gehalten hat. Angela Steffen und Jürg Stettler präsentieren einen Fall (Saas-Fee/ Saastal), in welchem speziell auf Anbieterseite und auf der Ebene einer touristischen Destination digitale Kompetenzen erfordert und entwickelt werden. Der Beitrag ist insofern interessant als dass er auch zeigt, dass gerade in nicht-urbanen, speziell alpinen Regionen die digitale Kompetenzentwicklung eine besondere Herausforderung darstellt.

Das Buch schliesst mit dem vierten Teil ab, der sich der Qualität im Tourismus widmet. Das Thema wird schon seit den 1990er Jahren in Forschung und Praxis diskutiert. Dennoch gibt es immer wieder neue, differenzierte Aspekte. So präsentieren Frieda Raich und Anita Zehrer einen aktuellen Überblickk zum Thema der Beziehungsqualität zwischen Gast und familiengeführten Unternehmen. Letztere prägen den Grossteil der Hotels im Alpenraum. Gerade hier macht die Qualität der Beziehung auch wohl einen deutlichen Beitrag des Erfolgs von touristischen Destinationen aus. Das Qualitäts-Programm des Schweizer Tourismus hat nicht nur in der Schweiz, sondern auch international Anerkennung gefunden. Monika Bandi Tanner und Adrian Pfammatter stellen mit dem abschliessenden Beitrag dieses Jahrbuchs ein neues Wahlmodul vor, das sich der betrieblichen Erlebnisqualität widmet und somit das Ausbildungs- und Qualifizierungsprogramm abrundet.

Das Jahrbuch setzt sich zum Ziel, ein Kompendium aktueller Entwicklung der Branche in Forschung und Praxis zu sein. Es soll damit ein bleibender Wert geschaffen werden. Die Publikation des Jahrbuches ist jedoch nur möglich dank der finanziellen Unterstützung von Partnern aus dem Tourismus. Dafür bedanken wir uns herzlich bei den Jungfraubahnen Management AG, der Schweizerischen Gesellschaft für Hotelkredit SGH sowie den treuen Mitgliedern der Fördergesellschaft Abteilung Tourismus und Verkehr.

Wir wünschen dem Leser eine informative und spannende Lektüre, mit Erkenntnissen und Konsequenzen zum aktuellen Wandel im Tourismus.

St. Gallen, Oktober 2017

Prof. Dr. Pietro Beritelli

Prof. Dr. Thomas Bieger

Prof. Dr. Christian Laesser

ONLINE
BUCHEN
―――――
mit Sitzplatz-
reservation

Jungfraujoch

TOP OF EUROPE

Zur höchstgelegenen Bahnstation Europas · 3454 m
Der Tagesausflug geht hoch hinaus. Unterwegs gewährt
Ihnen das Jahrhundert-Bauwerk einen überwältigenden
Ausblick auf die riesige Gletscherwelt des Eismeers.
Eine Welt aus Eis und Schnee.

Schweizer Jahrbuch für Tourismus

Zielsetzung

Das Schweizer Jahrbuch für Tourismus will für Fach- und Führungskräfte in Tourismus und angelagerten Bereichen (Wirtschaftsförderung, Beratung, Schulung) jährlich einen umfassenden Einblick in die Weiterentwicklung von Wissenschaft und Praxis im Feld des Tourismus im Allgemeinen und des alpinen Tourismus im Besonderen bieten. Dabei wird vom Anspruch ausgegangen, dass alle relevanten Entwicklungen aufgezeichnet werden und so insbesondere Praktikern und Wissenschaftern ein umfassender Überblick über aktuelle Themen und Entwicklungen gewährt werden kann.

Dabei sollen die Beiträge den Ansprüchen wissenschaftlicher Arbeiten (Zitierweise, Methodik, intersubjektive Nachvollziehbarkeit) gerecht werden. Das Jahrbuch für Tourismus soll im Umfeld des Tourismus wissenschaftliche Publikationsmöglichkeit insbesondere auch für Nachwuchskräfte und Vertreter von Fachhoch-schulen sein.

Redaktionelle Arbeitsweise

Das Jahrbuch enthält zwei Arten von Artikeln. Einerseits von der Redaktion gezielt eingeladene Beiträge zu aktuellen Entwicklungen in Wissenschaft und Praxis, andererseits unabhängig eingereichte und von der Redaktion bezüglich wissenschaftlichem Niveau und inhaltlicher Relevanz geprüfte Manuskripte.

Bei den eingeladenen Beiträgen wird darauf geachtet, dass sowohl alle relevanten Branchen (Hotellerie, Bergbahnen, Freizeiteinrichtungen, Animation/-Schulung, Beherbergung, Flugverkehr) abgedeckt werden, andererseits beispielhafte Entwicklungen im alpinen Raum berücksichtigt werden.

Einreichung von Manuskripten

Manuskripte können an das Institut für Systemisches Management und Public Governance der Universität St. Gallen, Dufourstrasse 40a, 9000 St. Gallen, Redaktion Schweizer Jahrbuch für Tourismus, eingereicht werden. Die Beiträge sind mit einem Minimum an Formatierungen per Email einzureichen.

Prof. Dr. Pietro Beritelli
St. Gallen, Oktober 2017

Impulse für die Forschung zum Management und Marketing von Destinationen: Erkenntnisse aus sechs Jahren ADM Forum.

Stephan Reinhold, Christian Laesser und Pietro Beritelli

Abstract

Wie kann die Wissenschaft den praktischen Umgang mit den vielfältigen Herausforderungen des Managements und Marketings von Destinationen zukunftsgerichtet unterstützen? Dieser Frage widmet sich das Forum *Advances in Destination Management*, kurz ADM. Das ADM Forum bringt seit 2012 zweijährlich Spezialisten und ein interessiertes Fachpublikum zusammen, um neue Antworten auf die obige Frage zu diskutieren. In diesem Beitrag dokumentieren wir den aktuellen Stand des Fortschritts in Form einer Forschungsagenda. Die Agenda in acht Bereichen beruht auf Teilnahme an allen Foren und den im *Journal of Destination Marketing & Management* veröffentlichten Konsensen.

Keywords: Tourismus, Forschungsagenda, Forschungsfragen, Destinationsmanagement, Destinationsmarketing, ADM, Konsensus

1   Ein florierendes und anspruchsvolles Forschungsfeld

Wenngleich die Schwerpunkte nicht immer dieselben sind: Das Management und Marketing von touristischen Destinationen beschäftigt und fordert Praktiker und Wissenschaft gleichermassen. Der grosse Erfolg des neu gegründeten wissenschaftlichen Journals *JDMM – Journal of Destination Marketing & Management* sowie eigens darauf ausgerichtete Konferenzen und Konferenztracks zeugen vom regen Interesse und den vielfältigen Herausforderungen des Themenbereichs.

In 2012 wurde vom Forschungszentrum für Tourismus und Verkehr an der Universität St. Gallen ein neues Forum ins Leben gerufen, welches den Fortschritt zum Management und Marketing einer kritischen Prüfung unterzieht. Seither vereint das Forum *Advances in Destination Management* (kurz: *ADM*) alle zwei Jahre eine internationale Gruppe von rund 40 bis 60 Spezialisten und interessiertes Fachpublikum aus Praxis und Wissenschaft, um den Fortschritt zu diskutieren. Die Ergebnisse des Forums fliessen alle zwei Jahre in einen Konsensus.

Der *ADM* Konsensus arbeitet die Erkenntnisse aus dem Forum in Form eines Fachbeitrags auf (Laesser & Beritelli, 2013; Reinhold, Laesser, & Beritelli, 2015, 2017). Am Forum werden nach der Konsensusmethodik (Reinhold et al., 2015) gezielt Fragen, Anregungen und Erkenntnisse gesammelt, Diskussionen gefördert und die Einsichten aller Teilnehmer zum Schluss der Tagung in einer mehrstündigen Plenarrunde zusammengeführt. Der Fachbeitrag dokumentiert die Beiträge, Korrekturen und Kommentare und beruht zum Schluss auf der Zustimmung der vertretenen Forumsteilnehmer.

Im vorliegenden Beitrag schauen wir im Längsschnitt über die drei Konsense der letzten sechs Jahre und fassen die Erkenntnisse daraus als Forschungsagenda für das Management und Marketing von touristischen Destinationen in acht Bereichen zusammen: (1) die Definition und Grenzen der Destination, (2) Wettbewerbsfähigkeit und Destinationsstrategie, (3) Nutzen und Legitimation von Tourismusorganisationen/DMO, (4) Nachhaltige Entwicklung Destinationen, (5) Branding von Destinationen, (6) Governance und Leadership, (7) Tourismusbesteuerung und Regulation und (8) Big Data und Besucherlenkung. Für detaillierte Referenzen und weitere Anknüpfungspunkte verweisen wir interessierte Lesende auf die englischen Originalbeiträge im *JDMM* (Laesser & Beritelli, 2013; Reinhold et al., 2015, 2017).

2 Definition und Grenzen der Destination

2.1 Stand der Diskussion

Die Beiträge der Forumsteilnehmer aus Nord-Amerika, verschiedenen Teilen Europas und Australien haben aufgezeigt, dass verschiedene Umstände das praktische und wissenschaftliche Destinationsverständnis prägen. Insbesondere sind kulturelle Einflüsse, Unterschiede in der Bedeutung von Institutionen und regulatorische Rahmenbedingungen ausschlaggeben dafür, welche Perspektiven eingenommen sowie wo und wie Grenzen gezogen werden.

Obschon in all diesen geografischen Kontexten die Reisenden – die Touristin, der Tourist – als wichtiger Koproduzent angesehen werden, sind viele Konzepte und Definitionen zu sehr an der Angebotsperspektive ausgerichtet. Symptomatisch zeigt sich dies an der UNWTO (2002) Definition der Tourismusdestination, welche Destinationen als administrativ und physisch abgegrenzten Raum mit Management, Image und Wettbewerbsfähigkeit versteht. Im Widerspruch dazu steht die Erkenntnis, dass sich Reisende an Erlebnissen ausrichten. Dabei interessieren sich letztere kaum für administrative Grenzen.

Als Gegenentwurf haben die Forumsteilnehmer vorgeschlagen, die touristische Destination als marktorientiertes Produktionssystem zu definieren (Reinhold et al., 2015, p. 138): Reisende aktivieren das Produktionssystem „Destination" durch ihre

Haushaltproduktion sowie ihr räumliches und zeitliches Verhalten aggregiert als Touristenströme. Anbieter unterstützten Reisende in der Produktion ihrer Reise- und Ferienerlebnisse durch das Angebot an vermarktbaren natürlichen Ressourcen (bspw. Natur und Kultur) und erzeugten Ressourcen (bspw. Infrastrukturen und Dienstleistungen). Reisende und Anbieter koproduzieren Erlebnisse – von Ausgangspunkt zur Destination und zurück.

Diese alternative Definition betont vier zentrale Punkte, die auch in anderen neueren Konzeptionen Widerhall finden (bspw. Beritelli, Bieger, & Laesser, 2014; Hristov & Zehrer, 2015; Pearce, 2014): (1.) Die Produktion von Erlebnissen, die über ein Netzwerk von Anbietern unterstützt wird, aktivieren die Reisenden. Sie „aktivieren" die Destination. Rein angebotsorientierte Konzeptionen riskieren für Reisende unattraktive Angebote zu fördern. (2.) Tourismus entwickelt sich entlang von Besucherströmen (cf. Beritelli, Reinhold, & Laesser, 2014; Beritelli, Reinhold, Laesser, & Bieger, 2015). Besucherströme ordnen das räumliche Verhalten und die Entscheide von Reisenden über die Aktivitäten und Motive, die Reisende im gleichen Besucherstrom verbinden. Jedoch richten sich diese Ströme selten nach administrativen Räumen oder Grenzen. (3.) Attraktionspunkte üben Anziehung aus und können helfen Destinationsgrenzen zu bestimmen (Bieger & Laesser, 2003). Doch nur weil ein Attraktionspunkt sehenswert ist, resultiert daraus nicht unbedingt ein Besuch eines/r Reisenden. Dazu muss ein besseres Verständnis gewonnen werden, welche Rolle verschiedene Attraktionen für einzelne Besucherströme und Erlebnisse spielen. (4.) Touristische Anbieter stellen die Bühne für touristische Erlebnisse bereit und versuchen möglichst gute Rahmenbedingungen für die Koproduktion der Reisenden zu schaffen.

2.2 Impulse für die Forschung

Über die drei Konsensen haben sich drei Stossrichtungen für künftige Forschung zur Definition und den Grenzen der Destination herauskristallisiert, welchen verschiedenen Orts nachgegangen wird: (1.) Es besteht kaum Forschung zur Destination als Produktionssystem. Gemeinhin wird Tourismus als eine der unproduktivsten Branchen wahrgenommen. Es fehlen jedoch überzeugende Arbeiten und Daten, um die Produktivitätslücke anzugehen. Logiernächte Statistiken vermitteln ein zu ungenaues Bild des strategisch relevanten Besucherverhaltens in Strömen, um die Produktivität zu messen und optimieren. Zudem werden über bestehende ökonomische Lohndaten und Umsatzzahlen die vielen unentgeltlichen oder schlecht entlohnten Tätigkeiten im Tourismus nicht berücksichtig (bspw. Familienmitglied, das im eigenen Hotel serviert). (2.) Es fehlen Studien zu den Transaktionskosten der Kollaboration in Destinationen. Gemeinhin wird unterstellt, dass Kooperation positiv zu bewerten ist. Es ist jedoch fraglich, welche Dimensionen Kollaboration in touristischen Destinationen treiben und ob dadurch klar definierte ökonomische oder andere Interessen zur Maximierung des Verhältnisses zwischen Grenznutzen und –kosten verfolgt werden. (3.) Es mangelt an Forschung über die Funktionsweise und den Beeinflussungsmöglichkeiten von strategischen Besucherströmen. Insbesondere ist noch zu wenig erforscht wie in

Destinationen zielführend positive Rahmenbedingungen für die „Bühne der touristischen Erlebnisse" für diese Ströme geschaffen werden können. Wichtig wäre auch zu verstehen wie diese Erlebnisse in Geschichten Eingang finden, welche Reisende ihren Bekannten, Freunden und Familienangehörigen weitererzählen und hoffentlich deren künftige Reiseentscheide prägen. Darüber hinaus, ist noch zu wenig bekannt, was diese Individuen auszeichnet, die in ihrem Bekanntenkreis als Multiplikatoren des touristischen Angebots agieren und Besucherströme stärken bzw. am Leben erhalten.

3 Wettbewerbsfähigkeit und Destinationsstrategie

3.1 Stand der Diskussion

Die Wettbewerbsfähigkeit touristischer Destinationen ist nach wie vor ein vielfach und vielfältig diskutiertes Thema (bspw. Knežević Cvelbar, Dwyer, Koman, & Mihalič, 2015; Zehrer, Smeral, & Hallmann, 2016). Erfolgreiche Destinationen zeichnen sich stets durch einzigartige Charakteristika aus. Die Forumsteilnehmer weisen darauf hin, dass mit einigen wenigen Ausnahmen, eine rein Ressourcen-orientierte Betrachtung von Differenzierung schwierig ist. Stattdessen hilft eine marktorientierte Betrachtung sich an neuen Prozessen, Produkten, Komfort, Qualität oder Convenience Standards auszurichten, die aufgrund komplexer kollaborativer Innovationsanstrengungen entstehen. Angesichts der Erkenntnis, dass Destinationen aus Sicht der Reisenden vielfältige Erlebnisräume mit variablen Grenzen sind, ist die Vergleichbarkeit der Wettbewerbsfähigkeit eine Heraus-forderung und Differenzierung über die Vielfalt der Besucherströme eine Gegeben-heit (vgl. Beritelli et al., 2015).

In diesem Kontext stellen die *ADM* Forumsteilnehmer auch den Nutzen und die Form von Destinationsstrategien in Frage. In Forschung und Lehre werden Destinationsstrategien noch immer als integrierte Pläne dargestellt, die auf einem formalisierten Prozess aufbauen und die Unterstützung aller Anspruchsgruppen geniessen. Diese Realität aus dem Kontext produzierender Grossunternehmen muss für touristische Destinationen aus mehreren Gründen kritisch durchleuchtet werden: (1.) Angesichts der Vielfalt an Akteuren und Angebotsnetzwerken, die von Besucherströmen in Destinationen aktiviert werden, ist die Ausrichtung einer touristischen Destination an einer grossen Strategie eher unwahrscheinlich. Dafür bestehen spezialisierte Pläne für einzelne strategische Projekte und Initiativen. Strategieprozesse sind analog nicht synchron sondern parallel und zeitlich versetzt (vgl. Beritelli et al., 2015). (2.) Wenn Destinationen als Lerngemeinschaften oder Netzwerke mit verteiltem Wissen verstanden werden, sind die Annahmen vollständiger Information und eines Wettbewerbumfelds, dass es bloss zu entdecken und „richtig" interpretieren gilt fragwürdig. Viele Aspekte strategischen Verhaltens sind explorativ, benötigen Sinnstiftung und gestatten Gestaltung. (3.) Obschon strategische Orientierung eine vernünftige Annahme für Manager ist, wird vieles in strategischen Plänen und Jahresberichten rückblickend als strategische

Voraussicht erklärt. Die Realität von Strategieprozessen in Destinationen ist oft inkrementeller, opportunistischer und unberechenbarerer als dies traditionelle Ansätze strategischer Planung glauben machen (vgl. Beritelli & Reinhold, 2010). (4.) Letztlich berücksichtigt der neueste Strang der Strategieforschung, dass Geschäftssysteme, wie bspw. touristische Destinationen, zwar ein Geschäftsmodell betreiben, jedoch ohne strategische Ausrichtung Wert für die verschiedensten Anspruchsgruppen schaffen (Bieger & Reinhold, 2011). Insgesamt sind diese vier Punkte jedoch kein Plädoyer dafür, jeglicher strategischer Planungsarbeit den Rücken zu kehren. Im Gegenteil: Es betont die Notwendigkeit für ein differenzierteres Verständnis und Vorgehen strategischer Arbeit in Destinationen.

3.2 Impulse für die Forschung

Die drei *ADM* Foren haben vier Anstösse für weitere Forschung hervorgebracht: (1.) Obschon in den letzten Jahren Fortschritte erzielt wurden, benötigen wir ein vollständigeres Verständnis der vielfältigen Zusammenhänge welche Destinationserfolg in unterschiedlichen Kontexten bestimmen. Neue Daten und kausale Modelle sind dafür notwendig. (2.) Wenn Destinationen als vielfältige Produktionssysteme/-netzwerke verstanden werden, die zur Wettbewerbsfähigkeit der Destination beitragen, stellt sich die Frage, wie den Anspruchsgruppen deren Beitrag und Rollen in den unterschiedlichen Teilsystemen/-netzwerken klar gemacht werden können. (3.) Innovation auf Ebene der Destination ist eine anspruchsvolle Herausforderung. Es fehlt an Verständnis, wie bei gleichzeitigem Wettbewerb und Kooperation anspruchsvolle Innovationsprojekte initiiert und implementiert werden können. (4.) Für die neue Art von Strategieprozessen braucht es einen Abgleich der Erwartungen bezüglicher des Einflusses und der Länge von grossen Strategien und der Realität strategischer Initiativen. Zudem stellt sich die Frage wo die Fähigkeiten für strategische Arbeit in einer Destination zu verorten sind, wenn es nicht den einen, hierarchisch legitimierten strategischen Planer gibt (vgl. nächster Abschnitt zu DMO).

4 Nutzen und Legitimation von Tourismusorganisationen/DMO

4.1 Stand der Diskussion

Obschon der Grad der praktischen Herausforderungen international variiert, wird heute in der Literatur als Gegebenheit betrachtet, dass Tourismusorganisationen und DMOs von verschiedenster Seite unter Druck stehen. Überzogene Erwartungshaltungen, schrumpfende Budgets und Aufgabenstellungen, die nicht dem Grad an Kontrolle über die für die Umsetzung notwendigen Ressourcen entsprechen, sind nur ein Teil des Problems (Beritelli & Reinhold, 2014). Wie dauerhaft die Tourismusorganisationen als Akteur in Destinationen auf unterschiedlicher Ebene sind, daran scheiden sich die Geister.

Angesichts der vielfältigen Aufgaben, die mit dem Management und Marketing von Destinationen in Verbindung gebracht werden (vgl. Laesser & Beritelli, 2013; Pearce, 2015), führten die Forumsteilnehmer rege Diskussionen über den künftigen Nutzen und die Legitimation von Tourismusorganisationen/DMO. Vier Punkte fassen den Stand der Diskussion zusammen: (1.) Europa ist auf lokaler, regionaler, und nationaler Ebene relativ flächendeckend mit einem Netz an Tourismusorganisationen überzogen. Dies könnte sich angesichts finanzieller Herausforderungen der öffentlichen Hand ändern. (2.) Organisationen für das Management und Marketing von Destinationen wurden ursprünglich zur Adressierung ganz spezifischer Marktversagen geschaffen (bspw. kollektive Aufgaben wie Ortsverschönerung, Unterhalt für Wanderwege und Promotion von touristischen Angeboten im vor-Internetzeitalter). Die Vielzahl an heute verfügbaren Kommunikationskanälen hat aber einen wesentlichen Teil der Marktversagen aufgehoben. Tourismusorganisationen fehlt die Kontrolle über die Produktion und Dissemination von angebots-relevanten Informationen für den Verkauf. (3.) Angesichts zunehmenden Drucks den Nutzen öffentlicher Gelder zu belegen, tun sich Tourismusorganisationen schwer, die Wirkung ihrer Aktivitäten (bspw. Strategiebildung oder Imagekampagnen auf regionaler Ebene) detailliert nachzuweisen. (4.) Es bestehen Hinweise, dass Tourismusorganisationen sich dieser Herausforderungen annehmen und mit neuen Arbeits- und Organisationsformen für mehr Flexibilität zu experimentieren beginnen.

4.2 Impulse für die Forschung

Die obigen Diskussionspunkte der Forumsteilnehmer haben Anstoss für eine Reihe von Vorschlägen gegeben, wie die Forschung sich dieser Entwicklung annehmen und vorausschauend beitragen kann: (1.) Alle Aktivitäten in der Destination sollten mit der Kernaufgabe verbunden sein, Erlebnisse für Besucher nachhaltig, effizient und touristengerecht zu erstellen. Dazu sind vielfältige Aufgaben und Fähigkeiten nötig, welche die Tourismusorganisationen nicht alle in sich vereinen können. Es muss vielmehr untersucht werden, welche Möglichkeiten bestehen, dass die Tourismusorganisationen diese Aufgaben zielgerichtet unterstützten können, so dass die Gäste und Anspruchsgruppen in der Destination den Mehrwert wahrnehmen. (2.) Dazu bedarf es einer Flexibilisierung der Organisationen, die Management- und Marketingaufgaben in den Destinationen nachgehen. Je nach Entwicklungsstand der Besucherströme und Bedürfnissen der lokalen Tourismusanbieter, sind andere Fähigkeiten und Arbeitsweisen gefragt. Es stellt sich die Frage, nach welchen Arbeitsmustern solche Tourismusorganisationen zu führen und für die Mitarbeitenden attraktiv zu gestalten sind. Daraus folgen wahrscheinlich auch Implikationen für die Berufsbilder und Ausbildungsprofile in diesem Bereich. (3.) Neben den neuen Inhalten, stellt sich auch die Frage, inwiefern die bestehenden Tourismusorganisationen zum Wandel fähig sind und ob bestehende Geschäftsmodelle sie an einer Veränderung hin zu Dienstleistern für neue Destinationsprozesse hindern.

5 Nachhaltige Entwicklung von Destinationen

5.1 Stand der Diskussion

Die *ADM* Forumsteilnehmer waren sich einig, dass Nachhaltigkeit („Sustainability") ein wichtiges Thema für touristische Wertschöpfung ist. Allerdings vermerkten sie die Gefahr, dass das Thema in der Forschung wie Praxis zu einem blossen Schlagwort verkommt („Greenwashing"). Verschiedene Diskussionspunkt geben Aufschluss über diese Einschätzung: (1.) Bestimmte Gruppen von Reisenden assoziieren oder schmücken sich zwar gerne mit dem Gedanken nachhaltigen Reisens. Die effektive, durchschnittliche Zahlungsbereitschaft für nachhaltige Leistungen ist aber nach wie vor gering. (2.) Reisende sind noch eher bereit für nachhaltige Leistungen zu bezahlen, wenn sie daraus einen direkten Nutzen ziehen. Ist der Nutzen hingegen ein externer Nutzen, der vor allem bei anderen anfällt (bspw. lokale Bevölkerung, Einheimische), sinkt die Zahlungsbereitschaft rapide. (3.) Ökonomische, sozial-kulturelle und ökologische Nachhaltigkeit bedingen Verankerung und Kommunikation bei Reisenden wie bei lokalen Anspruchsgruppen.

5.2 Impulse für die Forschung

Um die obigen Herausforderungen für einen verantwortlichen Umgang mit Ressourcen anzugehen, haben die Forumsteilnehmer über die vergangenen Konsense drei Forschungsschwerpunkte vorgeschlagen: (1.) Wie kann über kommunikative Massnahmen der wahrgenommene Wertigkeit nachhaltiger Leistungen beim Reisenden verankert werden, so dass sie/er bereit ist, den externen Nutzen mitzutragen? (2.) Aktuell mangelt es an Forschung, die eine Brücke schlägt zwischen einzelnen lokalen Massnahmen (bspw. Reduktion von Essensabfällen in Hotels) und der nachhaltigen Ausrichtung ganzer Dienstleistungsketten auf Destinationsebene. Die Brücke zwischen der gesellschaftlichen Ebene und einzelnen, lokalen Massnahmen ist noch immer eine Herausforderung für Forschung mit Nachhaltigkeitsfokus. (3.) Schliesslich sollte ein besonderes Augenmerk dem Transport von Reisenden als einem der grössten Posten mit negativen Effekten gelten. Wie können bspw. Erlebnisse in Destinationen geschaffen werden, die Reisende länger am Ort halten und damit weniger negative Reiseeffekte verursachen?

6 Branding von Destinationen

6.1 Stand der Diskussion

Die Stellungnahmen der Forumsteilnehmer sowie aktuelle Beiträge zum Thema (Beritelli & Laesser, in press) weisen vermehrt auf die Grenzen des Branding von Destinationen hin. Vier Probleme wurden in den Konsensen aufgegriffen: (1.) Destinationen und ihre Organe verlieren vermehrt die Kontrolle was und wie über sie kommuniziert wird. Dies gilt für Angebote genauso wie für andere Inhalte, welche die Markenwahrnehmung beeinflussen. Destinationen sind damit vermehrt darauf beschränkt, Anstoss für positive Kommunikation über die Destination zwischen Kunden zu geben (bspw. über „Storyfication" von Produkten). (2.) Von verschiedenen Voten wurden die Wirkungszusammenhänge zwischen Branding von Destinationen und dem Kauf- und Reiseverhalten von Touristen in Frage gestellt. Zum einen sind für touristische Dienstleistungen Marken oft nicht viel mehr als ein Logo und Werbespruch („Slogan"), welchem die funktionale Produktbasis fehlt, die bei einem physischen Produkt vorhanden wäre. Zum anderen ist Aufmerksamkeit für die eigene Destinationsmarke noch kein Garant für eine Buchung. (3.) Markenprozesse in Destinationen sind oft hoch politisch. Sie werden für internes Marketing, mangels besserer Alternativen zur Beeinflussung von Reiseverhalten oder zur Legitimierung von Tourismusorganisationen verwendet. (4.) Schliesslich wiesen die *ADM* Teilnehmer darauf hin, dass Destinationsmarken Marken für Erlebnisse sind. Wenn die Vielfalt von Destinationen als Erlebnisräume akzeptiert wird, haben Marken wahrscheinlich ihre Berechtigung, jedoch nicht auf der Ebene der Destination als homogenes Gebilde sondern für spezifische Erlebnisse und Besucherströme. Dies trägt auch den Unterschieden verschiedener Destinationen (bspw. Stadt/Land) Rechnung.

6.2 Impulse für die Forschung

Angesichts dieser Einschränkungen und Probleme des Branding von Destinationen, schlagen die Teilnehmer der vergangenen *ADM* Foren Forschung zu folgenden beiden Punkten vor: (1.) Es braucht vermehrt Forschung dazu, wie Destinationsmarketing und -promotion Kommunikatoren und Multiplikatoren in Nachfragenetzwerken zugunsten von positiven Botschaften und Kaufentscheiden beeinflussen können. (2.) Eine der grossen Herausforderungen besteht auch darin, wie ein verlässlicher Zusammenhang zwischen kommunikativen Massnahmen für die Destination und dem Kauf von Angeboten durch Reisenden verlässlich nachgewiesen werden kann.

7   Governance und Leadership von Destinationen als Netzwerke

7.1 Stand der Diskussion

Tourismus Praktiker und Forscher tauschen sich zwar oft über Netzwerke und Systeme aus, effektiv bestehen aber noch viele Lücken im Wissen um deren Funktionsweise und Mechanismen. Die nachfolgenden Punkte fassen den Austausch der Forumsteilnehmer dazu zusammen: (1.) Es bestehen zwischen den einzelnen Anspruchsgruppen immer noch beträchtliche Unterschiede, was unter Governance verstanden wird. Diesem Problem kann wahrscheinlich über Transfer von Erkenntnissen aus den Bereichen Corporate und Public Governance Abhilfe geschaffen werden. (2.) Die Dynamik von Anbietergruppen für Innovationsanstrengungen wird aktuell noch zu wenig berücksichtig. Die Transaktionsrisiken bei Kollaboration und Kooperation sind zu hoch. Sie bedürfen wahrscheinlich einer Form von Leadership und Orchestrierung. (3.) Viele erfolgreich operierende

Destinationen haben Tourismusorganisationen/DMO mit professionellen Vorständen (Boards). Die Einbindung von Unternehmern kann die Basis für die Aufstockung der Budgets für strategische Initiativen zugunsten der Angebotssysteme für einzelne Besucherströme bilden. (4.) Die Steuerung von Destinationen als multiple Netzwerke/Produktionssysteme gründet nicht in hierarchischer Kontrolle sondern In Leadership welches aus den Netzwerken erwächst.

7.2 Impulse für die Forschung

Aus der Diskussion zu den obigen Punkten, haben sich vier Richtungen für weitere Forschung herauskristallisiert: (1.) Über die vielfältigen Forschungsbestrebungen zur Governance von Destinationen braucht es neue Versuche einen einheitlichen Rahmen und eine einheitliche Nomenklatur zu schaffen. (2.) Viele (Fall-)Studien zu Governance in Destinationskontexten beschäftigen sich mit den Einzigartigkeiten der Kontexte. Obschon das wichtig ist, benötigen wir auch Konstanz und Hinweise darauf, was über Kontexte hinweg transferiert werden kann. (3.) Die Forschung zu Governance bietet Anknüpfungspunkte zur Rolle der Tourismusorganisationen/DMO, zur Rolle von Akteuren und Institutionen in Netzwerken und zur Nachhaltigen Destinationsentwicklung. Diesen Verbindungen sollte nachgegangen werden. (4.) Dasselbe gilt für die Rolle von Vertrauen und Leadership in polyzentrischen Destinationsnetzwerken.

8 Tourismusbesteuerung und Regulation

8.1 Stand der Diskussion

Die Rolle von Besteuerung und Regulierung für das Management und Marketing von Destinationen bildete mit der zunehmenden Verbreitung von Sharing Economy Wettbewerbern (bspw. Uber und AirBnB) einen Schwerpunkt an der neusten *ADM* Durchführung. Bestehende Ansätze und Systeme zur Tourismusbesteuerung zeichnen sich durch fünf Aspekte aus (Reinhold et al., 2017): „(1) Der Gegenstand, der besteuert wird (bspw. die Logiernacht, der Gast, der Anbieter, der eine Dienstleistung verkauft), (2) Vorgaben für die Erfassung und Meldung steuerrelevanter Vorgänge (bspw. Abzüge von Meldezetteln, die täglich gesammelt werden oder eine jährliche Meldung der mehrwertsteuerpflichtigen Umsätze), (3) wofür die gesammelten Steuereinnahmen verwendet werden dürfen (bspw. als Mittel im Globalbudget oder als zweckgebundene Steuereinnahmen), (4) inwiefern die Steuereinnahmen aus der Branche dem Tourismus zugutekommen und (5) wie oft Steuersubjekte einer Überprüfung unterzogen werden".

Drei Punkte traten in der Diskussion am *ADM* Forum besonders zu Tage: (1.) Viele Tourismusabgaben werden (noch) auf Basis von Standardindustriedefinitionen (NOGA/SIC Steuercode) erhoben. Neue Wettbewerber der Sharing Economy erfüllen die gleichen Leistungen ohne unter die gleiche Besteuerung zu fallen und ziehen daraus Vorteile. Es ist daher fraglich ob das Steuerobjekt noch zeitgemäss definiert ist. (2.) Aus Sicht der Gäste sollten Tourismusabgaben zweckgebunden erhoben werden. Dies ist aber gerade in Kommunen problematisch, in welchen der Tourismus der produktivste Sektor ist. Sie sind darauf angewiesen einen Teil der Tourismusabgaben in ihre globalen Finanzierungstöpfe zu übernehmen. (3.) Steuern und Abgaben sind nicht nur eine Last für den Tourismus. Sie bieten auch Möglichkeiten das Verhalten von Reisenden direkt zu beeinflussen.

8.2 Impulse für die Forschung

In drei Bereichen wünschen sich die Forumsteilnehmer weitere Forschungs-beiträge für die Zukunft: (1.) Es besteht aus regulierungs- und wissenschaftlicher Sicht das Bedürfnis die Folgen der Besteuerung auf Basis von Industriedefinitionen versus spezifischer Aktivitäten besser zu verstehen. Je nachdem wie der zu besteuernde Gegenstand definiert wird, besteht ein direkter Trade-off zwischen Innovation und Steuererträgen. (2.) Damit verbunden ist die Frage nach dem Optimalen Besteuerungslevel. Wie beeinflussen Steuerregime im Tourismus das Verhalten der Anbieter und Nachfrage. Folgt der optimale Besteuerungsgrad einer invertierten U-Kurve oder eine Laffer-Kuve? (3.) Schliesslich ist ein Vergleich zwischen Steuersystemen von Interesse, die wirtschaftliches Potenzial versus wirtschaftlichen Erfolg besteuern.

9 Big Data und Besucherlenkung

9.1 Stand der Diskussion

Das Potenzial von „Big Data" Reiseverhalten und -entscheide besser zu verstehen, ist unter den Teilnehmern der *ADM* Foren unbestritten. Der gegenwärtige Entwicklungsstand und Umgang mit den verfügbaren Daten sowie deren Interpretation gaben jedoch Anstoss für fünf kritische Bemerkungen: (1.) Mit der Ausnahme von integrierten Resorts mit vollständigem Kundentracking bieten die heute verfügbaren Daten für gewöhnliche Destinationen noch keinen Ersatz für Gespräche und Interaktion mit Reisenden vor Ort. (2.) Vorübergehend sind die Ressourcen und Fähigkeiten, um aus grossen Daten mit komplexer Struktur handlungsleitende Hinweise abzuleiten noch nicht gegeben. Dies kann sich in den nächsten Jahren ändern, wenn mehr Leute darin ausgebildet und die (Software)-Tools dazu einfacher zu bedienen werden. (3.) Es ist an der Zeit, den Nutzen von Big Data im Destinationskontext zu demonstrieren. Aktuell staunen Wissenschaft und Praxis über die Möglichkeiten und deskriptive Resultate. Tiefe Industrie-kenntnis ist nach wie vor notwendig um aus dem Wust an verfügbaren Daten und potenziellen Zusammenhängen oder Korrelationen bedeutungsvolle Resultate abzuleiten. (4.) Der regelmässige Umgang mit Big Data wird vermutlich dann für Destinationen zu einem Muss, wenn Automation die wiederholte Messung und Interpretation von Besucherechtzeitverhalten in der Destination erlauben. Damit verbunden sind verschiedene Bedenken hinsichtlich Datenschutz, Triangulation, Transparenz, Verantwortung und Haftung, die bis zu diesem Zeitpunkt gelöst werden müssen. (5.) Bis dies schliesslich technisch, ökonomisch und rechtlich umsetzbar wird, kann über die lokale Kenntnis von Mitarbeiter im direkten Gästekontakt und die Beobachtung von Besucherströmen das Reiseverhalten annähernd erschlossen und für die Planung nutzbar gemacht werden. Mit Stand Anfang 2017 ist der Grenznutzen für Destinationen mit begrenzten Ressourcen noch zu niedrig, um grosse Investitionen zu rechtfertigen.

9.2 Impulse für die Forschung

Aus den obigen Punkten gehen drei Anstösse für weitere Forschung hervor: (1.) Wie können wir bereits mit den heute verfügbaren Daten Erkenntnisse über das Reise- und Entscheidungsverhalten gewinnen, wenn wir (noch) auf klassische Erfassungsinstrumente (bspw. Umfragen) angewiesen sind? (2.) Darüber hinaus stellt sich die Frage, wie dabei statistischer Opportunismus (d.h. der Versuchung nur jene Trendzahlen auszuweisen, welche die gewünschte Entwicklungsrichtung demonstrieren) vorgebeugt werden? (3.) Und schliesslich, wie können touristische Akteure den Zugang zu den für sie relevanten Daten sicherstellen angesichts der Tatsache, dass diese heute in Fragmenten von den unterschiedlichsten Organisationen erhoben werden?

10 Schlusswort

Wir danken unseren Kolleginnen und Kollegen aus den verschiedensten Bereichen der Praxis und Wissenschaft, die sich am *ADM* Forum und den Konsensen beteiligt haben. Ihr kritischer Blick, ihre anregenden Fragen und die gemeinsam gewonnen Erkenntnisse machen das Forum und die daraus entstehenden Fragestellungen für eine weitere Auseinandersetzung mit dem Management und Marketing von Destinationen eine wertvolle Bereicherung. Wir freuen uns auf die Fortsetzung der Diskussion und den Austausch der neusten Erkenntnisse im Juni 2018.

Literaturverzeichnis

Beritelli, P., Bieger, T., & Laesser, C. (2014). The New Frontiers of Destination Management Applying Variable Geometry as a Function-Based Approach. *Journal of Travel Research, 53*(4), 403-417.

Beritelli, P., & Laesser, C. (in press). Destination logo recognition and implications for intentional destination branding by DMOs: A case for saving money. *Journal of Destination Marketing & Management.* doi:http://dx.doi.org/10.1016/j.jdmm.2016.08.010

Beritelli, P., & Reinhold, S. (2010). Explaining decisions for change in tourist destinations: The garbage can model in action. In P. Keller & T. Bieger (Eds.), *Managing Change in Tourism: Creating Opportunities-Overcoming Obstacles* (pp. 137-152). Berlin: ESV.

Beritelli, P., & Reinhold, S. (2014). Herausforderungen heutiger Destination Management Organisationen und der neue Weg mithilfe des St. Galler Modell für Destinationsmanagement. In T. Bieger, P. Beritelli, & C. Laesser (Eds.), *Zukunftsgestaltung im alpinen Tourismus: Schweizer Jahrbuch für Tourismus 2013/2014* (pp. 115-134). Berlin: ESV.

Beritelli, P., Reinhold, S., & Laesser, C. (2014). Prozessorientierung im Destinationsmanagement. *Marketing Review St. Gallen, 31*(6), 34-47.

Beritelli, P., Reinhold, S., Laesser, C., & Bieger, T. (2015). *The St. Gallen Model for Destination Management* (1 ed.). St. Gallen: IMP-HSG.

Bieger, T., & Laesser, C. (2003). Attraktionspunkte multioptionale Erlebniswelten für wettbewerbsfähige Standorte. Bern: Haupt.

Bieger, T., & Reinhold, S. (2011). Das werbasierte Geschäftsmodell - Ein aktualisierter Strukturierungsansatz. In T. Bieger, D. z. Knyphausen-Aufsess, & C. Krys (Eds.), *Innovative Geschäftsmodelle*. Berlin: Springer.

Hristov, D., & Zehrer, A. (2015). The Destination Paradigm Continuum Revisited: DMOs Serving as Leadership Networks. *Tourism Review, 70*(2).

Knežević Cvelbar, L., Dwyer, L., Koman, M., & Mihalič, T. (2015). Drivers of Destination Competitiveness in Tourism. *Journal of Travel Research, 55*(8), 1041-1050. doi:10.1177/0047287515617299

Laesser, C., & Beritelli, P. (2013). St. Gallen Consensus on Destination Management. *Journal of Destination Marketing & Management, 2*(1), 46-49.

Pearce, D. G. (2014). Toward an Integrative Conceptual Framework of Destinations. *Journal of Travel Research, 53*(2), 141-153. doi:10.1177/0047287513491334

Pearce, D. G. (2015). Destination management in New Zealand: Structures and functions. *Journal of Destination Marketing & Management, 4*(1), 1-12. doi:http://dx.doi.org/10.1016/j.jdmm.2014.12.001

Reinhold, S., Laesser, C., & Beritelli, P. (2015). 2014 St. Gallen Consensus on destination management. *Journal of Destination Marketing & Management, 4*(2), 137-142.

Reinhold, S., Laesser, C., & Beritelli, P. (2017). The 2016 Consensus on Advances in Destination Management. *Journal of Destination Marketing & Management*. doi:http://dx.doi.org/10.1016/j.jdmm.2017.03.001

UNWTO. (2002, 04.12.2002). Destination Management & Quality Programme: Conceptual Framework. Retrieved from http://destination.unwto.org/content/conceptual-framework-0

Zehrer, A., Smeral, E., & Hallmann, K. (2016). Destination Competitiveness—A Comparison of Subjective and Objective Indicators for Winter Sports Areas. *Journal of Travel Research, 56*(1), 55-66. doi:10.1177/0047287515625129

Der Hotelgast als Investor

Buy-to-let als Finanzierungsalternative für Hotels

Thomas Reisenzahn, Patrick Stoiser

Abstract

In Österreich setzt man ein neues Instrument zur (indirekten) Hotelfinanzierung ein, das eine Alternative zur Bankfinanzierung bietet und im gemeinsamen Interesse von Investoren und Hoteliers liegt. Zudem zeigt es in der „heissen Diskussion um kalte Betten" neue Wege auf. Bei diesem aus dem angelsächsischen Raum kommenden Buy-to-let-Konzept kauft ein Investor Hotelzimmer oder Appartements zum Zwecke der Vermietung, welche über das bestehende Hotel erfolgt. Im Gegensatz zu bestimmten Time-Sharing-Modellen erwirbt der Investor eine bestimmte Wohnung, über die er selbständig verfügen kann. Er kann sie in einem zeitlich eingeschränkten Ausmass selber nutzen, im Rahmen des Hotelbetriebs vermieten oder auch frei verkaufen. Seine Investition ist im Grundbuch eingetragen und wie jedes Wohnungseigentum abgesichert.

Keywords: Finanzierung, Buy-to-let, Hotel

1   Einleitung

Unternehmen im Tourismussektor weisen häufig einen hohen Kapitalbedarf auf, speziell wenn es um Investitionen in feste Anlagen wie Gebäude, Mobiliar, Bahnen oder Fahrzeuge geht. In der Hotellerie erwirtschaften österreichische Hotelbetriebe (im Median) von den getätigten Gesamtinvestitionen inkl. Grundstücken (zu Buchwerten) einen Markt- bzw. Unternehmenswert, der 86% der Aktiva entspricht. Die Abweichung zwischen Investitionen und Unternehmenswert ist kein österreichisches Phänomen. Die SGH (Schweizerischen Gesellschaft für Hotelkredit) und des SECO (Schweizer Staatssekretariat für Wirtschaft) stellen fest, dass der Wert für Schweizer Hotels zwischen 65% und 75% der Anschaffungskosten liegt (vgl. OECD, S. 20). Mit anderen Worten: Mindestens 14% der Aktiva können mit den Erträgen aus der Hotelführung in den österreichischen Hotels nicht erwirtschaftet werden. Es besteht eine sogenannte Finanzierungslücke. Da die Wiederbeschaffungswerte eines Hotels idR höher liegen als die ausgewiesenen Buchwerte, dürfte der Unternehmenswert (deutlich) unter 86% der Aktiva liegen. Mit dem Betrieb des Hotels wird sohin das Familienvermögen reduziert.

In 2014/15 erreichen die bestehenden Bankverbindlichkeiten netto in Österreich einen Wert von ca. 65% des Markt- bzw. Unternehmenswertes. Somit übersteigen die bestehenden Bankenverbindlichkeiten netto den für gewerbliche Immobilien (z.B. Hotels) durch Basel III bzw. durch das österreichische Bankenwesengesetz vorgeschriebenen maximalen Wert idHv. 50% des Marktwertes. Banken sind durch Basel III verpflichtet, jenen Teil des Kredites, der 50% des Marktwertes übersteigt, mit höheren Eigenmitteln zu unterlegen. Dies führt zu höheren Kreditzinssätzen. Diesem Effekt kann einerseits mit einer höheren Besicherung begegnet werden. Somit ist zu erwarten, dass sich aufgrund des sich verschlechternden Ratings für den überwiegenden Teil der österreichischen Hotellerie die Zinssätze für Bankverbindlichkeiten steigen werden bzw. die Finanzierung von Neuprojekten durch Banken zunehmend erschwert, wenn nicht sogar unmöglich wird. Unabhängig davon ist zu erwarten, dass die konjunkturelle Entwicklung steigende Finanzierungskosten erwarten lässt (Westreicher 2017). In vielen Fällen ist ein Buy-to-Let-Modell eine prüfenswerte Finanzierungsoption.

2 Ausgangslage

Entsprechend ihrer geringen Ausstattung mit Eigenkapital zeigt sich bei Hotelbetrieben die starke Bedeutung von Fremdkapitalfinanzierungen. Zur Beschaffung des Fremdkapitals greifen weiterhin nahezu alle Hotelbetriebe auf klassische Bankfinanzierungen zurück. Bereits jetzt ist die Aufbringung von Finanzierungen und die dadurch mögliche Erhaltung des Qualitätsstandards ein zentrales Thema in der Hotellerie. Basel III wird ab 2018 gravierende Auswirkungen auf die klassische Fremdfinanzierung mit sich bringen. Banken werden aufgrund von Ratingeinstufungen die Konditionen für Tourismusbetriebe deutlich anheben. Ebenfalls ist davon auszugehen, dass das niedrige Zinsniveau ein Ablaufdatum hat und die touristischen Betriebswirtschaften bald einer Zerreissprobe ausgesetzt sein werden. Der Herausforderung Bankfinanzierung sollte bei Investitionen in die Beherbergungsinfrastruktur des Alpenraums daher mit neuen Finanzierungsmodellen begegnet werden.

Bei diesem Modell werden Logiseinheiten (Hotelzimmer und/oder Apartments) jeweils von einem Käufer erworben und können von diesem genutzt werden. Im restlichen Jahresverlauf besteht eine Überlassungs- bzw. Rückvermietungsverpflichtung, sodass diese Einheiten während der Abwesenheit des Eigentümers als normale Hotel-Logiseinheiten vermietet werden. Durch diese Rückvermietung wird der Eigentümer anteilig am Logisumsatz beteiligt. Ob ein Teil dieser Einkünfte (Rendite) für den Eigentümer der Einheit garantiert wird oder nicht, hängt vom jeweiligen Konzept und von der vertraglichen Regelung ab. Das Buy-to-Let-Modell hat in bestimmten Ländern (u.a. USA, Grossbritannien und Frankreich) bereits sehr grosse Bedeutung bei Hotelinvestitionen erlangt (Widmann, Steger, 2009). Dies trifft insbesondere auf Ferienhotels in attraktiven Regionen zu. Es ist zu erwarten, dass das Modell auch in Österreich zu einer dominierenden Form der indirekten Finanzierung von Hotelprojekten wird. Das Buy-to-Let-Konzept ist in der österreichischen Rechtsordnung nicht explizit geregelt. Es sind dafür vielmehr verschiedene Rechtsbereiche relevant, u.a. Bestimmungen des Gewerberechts sowie zahlreiche länder- und gemeindespezifische Regelungen (Raumordnungs- und Grundverkehrsgesetze), die vor allem den Erwerb und die damit verbundenen Abgaben regeln. Aus Entwicklersicht ist der Verkauf von Hoteleinheiten, insbesondere in Tirol und Salzburg, eine gute Möglichkeit, „warme Betten" zu schaffen und während der Entwicklungsphase einen Cash-Flow zu erwirtschaften (Schumacher, Wiesinger, 2016). Aus Betreibersicht generiert Buy-to-let eine Grundauslastung und deckt somit einen Teil der Fixkosten des Hotelbetriebes. Es trägt somit zu einer effizienteren Planung bei. Die Gemeinde und der Tourismusverband erhalten Kommunalsteuer (Beschäftigung von Mitarbeitern für bewirtschaftete Wohnungen), Ortstaxe und Tourismusabgabe. Die Konzeptvarianten zwischen einem Apartmenthaus und einem Buy-to-let-Modell verdeutlicht Abbildung 1.

Abbildung 1: Apartmenthaus vs. Buy-to-let

	Konzeptvarianten	
	wohnwirtschaftliches Konzept	gewerbliche Konzepte
	Apartmenthaus (Zweitwohnsitz)	Buy-to-let
einheitliche touristische Betreibung als Hotel	für Investoren stehen mehrere Vermieter zur Auswahl; Vermieter machen nur Gästevermittlung und keine Betreibung	ein Hotelbetreiber für die gesamte Anlage mit Referenzprojekten
Betreiberverträge	kurzfristige Vermietungsverträge; laufend kündbar	langfristige einheitliche Verträge; unkündbar; mind. 15 bis 20 Jahre
Marketing	nur Vermietung über Plattformen, oder reines Reisebüro bzw. Apartmentvermittlung	Betreiber macht eigenes Marketing; gute Website mit Buchbarkeit; Budget für Marketing in den ersten Jahren 8 bis 10 % vom Umsatz
Angebot für Gäste	nur Apartmentvermietung mit Schlüsselausgabe; keine gemeldeten Dienstnehmer; keine Rezeption	Hotelleistungen und Packages werden angeboten, z.B. Frühstück, Liftkarten, Halbpension, Massage etc. Normale Rezeption

Konzessionen, Befähigungen	nicht vorhanden	Hotel- bzw. Gastgewerbekonzession vorhanden; neben Bauträgerkonzession
Hausverwaltung	eine Hausverwaltungsfirma wird beauftragt; Behandlung wie bei Wohnungen; Abrechnung nur der Kosten	machen die Mitarbeiter des Betreibers; keine eigene Firma notwendig; technische und kaufmännische Abrechnung der Erlöse und Kosten
Schlüsselgewalt der Investoren	Investoren haben Apartmentschlüssel	Investoren haben keinen Schlüssel für das Apartment und buchen sich ein wie ein Gast (Reservierung)
Erlösabrechnung	Eigennutzung wird nicht angezeigt; Zahlung pauschal. Zweitwohnungsabgabe; kein Mietenpool bei den Einnahmen; exakte Abrechnung der Ausgaben pro Wohnung; normale Eigennutzung; Investoren haben Schlüssel	Anmeldung aller Gäste durch den Hotelbetreiber; Zahlung von Ortstaxe und Tourismusbeitrag; Mieterpool aller Einnahmen und Ausgaben; Investoren als Gäste; müssen Miete zahlen und werden als Gäste behandelt
Technische Ausgestaltung, Einrichtung	alles wird extra abgerechnet wie bei Wohnungen; der Eigentümer richtet das Apartment selbst ein	keine extra Zähler für Betriebskosten in den Apartments z.B. für Strom, Wasser, Kanal, Telefon, WLAN; Apartmenteinrichtungen (Qualität und Lieferant) werden durch den Betreiber vorgegeben („gewerbetauglich" und tauglich für Bewirtschaftung)
Vorsteuervergütung beim Finanzamt	keine Rückverrechnung; Darstellung als Liebhaberei; völlig frei in der Vermietung	wird beantragt; Vermietung damit 20 Jahre erforderlich

Quelle: Eigene Abbildung, Prodinger Tourismusberatung 2017

3   Standort

Gerade in hochtouristischen Regionen spricht manches für Buy-to-let-Modelle: Meist gibt es viele, teilweise schon in die Jahre gekommene Hotelbetriebe, bei denen Erneuerungen, Erweiterungen, etc. anstehen, die wirtschaftlich kaum finanzierbar sind. Andererseits gibt es in diesen Destinationen eine grosse Nachfrage nach Ferienhäusern und -wohnungen sowie Freizeitwohnsitzen durch eine kauf- und zahlungskräftige Klientel. Da neue Freizeitwohnsitze nicht möglich (z.B. weil Quoten bereits ausgeschöpft) oder nicht gewünscht sind (zur Verhinderung „kalter Betten"), könnte hier das Buy-to-let-Modell eine für alle Seiten befriedigende Lösung sein.

* Dem Investor wird eine sichere Kaufmöglichkeit mit Renditepotential geboten
* Der Hoteleigner kann Kapital (z.B. für Renovierungen, Um- und Ausbauten, etc.) generieren
* Der Hotelbetreiber hat die Chance auf Attraktivierung und Auslastungssteigerung, höhere Logiserträge (abzüglich Miete an den Investor) und Generierung von Nebenerlösen (Food and Beverages)
* Die Tourismusregion vermeidet „kalte Betten" von Ferienwohnungen
* Länder und Kommunen partizipieren über erhöhte Kommunalabgaben. Zersiedlung wird gebremst.
* Raumordnungsrechtliche Freizeitwohnsitzauflagen bleiben in Übereinstimmung mit der Kapital- und Niederlassungsfreiheit unberührt.

Dem Investor bietet das Buy-to-let-Modell in erster Linie Sicherheit des eingesetzten Kapitals. Dies kann durch die Begründung von Wohnungseigentum garantiert werden. Weiters ergeben sich Renditechancen und Wertsteigerungspotential. Ein wesentlicher Aspekt ist die Eigennutzungsmöglichkeit samt Zusatznutzen aus dem Hotelbetrieb (kostenfrei oder gegen Unkostenbeitrag), wobei die Nutzung in Übereinstimmung mit den jeweiligen Landes-Raumordnungsgesetzen erfolgen kann. Der Kauf selber ist europarechtlich nicht beschränkt. Neben den baulichen Voraussetzungen der Hotelanlage müssen für die Umsetzung von Buy-to-let die rechtlichen und steuerlichen Aspekte geprüft werden.

4   Gebäude und bauliche Voraussetzungen

* Neubau: Hier können bereits von Beginn an alle Erfordernisse der zukünftig gemischten Hotel-und Wohnanlage mitberücksichtigt werden. Es können schon in der Planungsphase exakt getrennte Allgemeinbereiche (z.B. Treppenhaus, Lift, Heizraum, etc.), selbständige Wohnungen (Buy-to-let-Apartements) und sonstige selbständige Objekte (der eigentliche Hotelbetrieb) geschaffen und alle Erfordernisse, vor allem nach dem Wohnungseigentumsgesetz, berücksichtigt werden.

- Bestand: Meist wird es sich um gewachsene Hotelbetriebe handeln, bei denen keine Notwendigkeit bestand, auf bauliche Abgrenzungen der selbständigen Wohnungen (Buy-to-let-Apartements) von den sonstigen Hotelanlagen und Allgemeinflächen zu achten. Hier können massive bauliche, auch die Haustechnik betreffende Umbauten und Adaptierungen erforderlich werden, um einen parifizierungsfähigen Zustand des Gebäudes zu schaffen. Zusätzlich kann bei Vorliegen einer speziellen Flächenwidmung eine Widmungs- und/oder baubehördliche Nutzungsänderung erforderlich werden.

Für die Umsetzung eines solchen Buy-to-let-Modells ist eine Vielzahl von Rechtsnormen zu beachten. Im Wesentlichen sind das:
- Wohnungseigentumsgesetz: Wohnungseigentum ist notwendig. Alle Schritte sind übereinstimmend mit der Wohnungseigentumsgemeinschaft zu regeln.
- Bau- und Raumordnungsrecht sind Landesrecht. Die Umnutzung (von touristischer oder Hotelnutzung in teilweise Wohnnutzung) muss in Übereinstimmung mit den jeweiligen Bau- und Raumordnungsbestimmungen erfolgen.

5 Steuerliche Aspekte und Finanzierung

Zu prüfen ist, ob bereits im Vorfeld Anpassungen vorzunehmen sind, etwa Umgründungen. Zu klären ist auch, in welchem Umfang eine Immobilienertragssteuer anfällt. Dabei wird es eine wesentliche Frage sein, wer in der Folge als Bauherr auftritt.

Es ist davon auszugehen, dass Buy-to-let-Modelle leichter zu finanzieren sind als reine Tourismus/Hotelprojekte, da für die Finanzinstitute im Rahmen der Wohnungseigentumsbegründung die grundbücherliche, alternative Besicherung (Wohnen) mehr Sicherheit bietet. Auch Wertermittlungen werden den Schwerpunkt in den Wert des Wohnungseigentums verlagern. Wichtig ist, einen nachhaltig funktionierenden Hotelbetrieb abzusichern (Rohrmoser et al., 2014).

6 Perspektive

Buy-to-let hat Erfolgspotential in nachgefragten Ferien- und Freizeitdestinationen. Vor allem bietet sich die Chance, die Eigenkapitalquote von Tourismusbetrieben zu stärken und so Verschuldungsquote und Fremdkapitalabhängigkeit zu reduzieren. Voraussetzungen sind eine gesamtheitliche Betrachtung, eine marktorientierte Kalkulation sowie eine realistische Kosten-Nutzen-Gegenüberstellung in Zusammenarbeit mit erfahrenen Fachleuten.

Es wäre wünschenswert, würde die Chance künftig wie in der Schweiz durch intelligente Gesetzgebung unterstützt. Bestehende Tourismusbetriebe sollten sich auch ohne akutem Finanzierungsbedarf mit diesem Modell beschäftigen.

Einerseits können bei Umbauten bereits Erfordernisse mitgedacht, andererseits das Finanzierungsrating und damit die Verhandlungsposition mit Kreditinstituten deutlich verbessert werden. Und auch die Unternehmensnachfolge kann durch eine solche Perspektive eventuell attraktiviert werden (Rohrmoser et al., 2014).

Mit der Prodinger Beratungsgruppe konnten bis dato in Österreich über 1000 Betten mit dem Buy-to-let-Modell umgesetzt werden.

Literaturverzeichnis

OECD, 2017: Financing approaches for tourism SMEs and entrepreneuers, OECD Tourism Papers 2017/03

Rohrmoser, S., Neumayr, C., Reisenzahn, T., 2014: Warme Betten braucht das Land. Fachartikel: http://www.prodinger.at/steuerberatung/pdf/veroeffentlichungen/buy_to_let.pdf , 5

Schumacher, M., Wiesinger, M.,2016: Finanzmanagement im Tourismus. Linde Verlag. 82-83

Westreicher, C., 2017: Über welchen Handlungsspielraum verfügen die Hotels in Österreich? In: Tourismus Wissen-quarteley, Ausgabe 8, 149-155

Wittmann, M., Steger, E. (2009). Buy-to-let als alternatives Finanzierungskonzept in der österreichischen Hotellerie. PKF hotelexperts GmbH, 13

Bergbahnen wohin?

Alpine Destinationen und ihre Bergbahnen – wohin bewegen sich die Märkte?

Roland Zegg, Edgar Grämiger, Carmen Heinrich und Daniel Kern

Abstract

Die Bergbahnen sowie die gesamte alpine Tourismuswirtschaft treffen gegenwärtig auf dynamische Veränderungen in der Gästestruktur. Getrieben wird dieser Wandel durch Megatrends wie den Klimawandel, den globalisierten Tourismus, die Digitalisierung, Social Media, demographische Veränderungen in der Gesellschaft, Wechselkurse und vieles mehr.

Als Folge dessen positionieren sich Bergbahnunternehmungen – mit ihren lokalen Partnern aus der Hotellerie, Gastronomie und dem Service – immer häufiger als ganzjährige Erlebnisanbieter am Berg. Dies verlangt solide Kenntnisse über die Motive und Bedürfnisse ausgewählter Zielgruppen.

Anpassungen und neue Weichenstellungen bezüglich Strategie und Taktik sind deshalb immer öfters gefragt.

Keywords: Megatrends, Zielgruppen / Cluster, spezifische Angebotsentwicklung, Dynamisches Pricing

Anmerkung

Dieser Beitrag zum Jahrbuch für Tourismus 2017/2018 stützt sich in wesentlichen Teilen auf die von der Firma grischconsulta AG erarbeiteten Module 1 und 2 der Gesamtstudie „Bergbahnen wohin? – 2025".

Wo liegt die Zukunft der Schweizer Bergbahnen? Um dieser Frage auf den Grund zu gehen, hat eine Trägerschaft aus dem Schweizer Seilbahnverband SBS und fünf Bergbahnunternehmungen, begleitet und unterstützt durch grischconsulta, die Initiative ergriffen und die relevanten Marktbewegungen für die Bergbahnbranche und die Wintersport-Destinationen beleuchtet.

Daraus entstanden ist die Gesamtstudie Bergbahnen wohin? – 2025, welche von grischconsulta publiziert wurde. Das Modul 1 beschreibt die Zielgruppen, die dynamischen Märkte und die aktuellen Trends. Das Modul 2 zeigt strategische Entwicklungspfade für Bergbahnen und alpine Destinationen auf und bietet einen praxisorientierten Werkzeugkasten für den Wissenstransfer entlang der Service-Design-Kette.

1 Ausgangslage

Die Schweizer Bergbahnen waren über eine längere Zeit zweifellos ein Erfolgsmodell. Über Jahrzehnte bildeten sie das Rückgrat des alpinen Tourismus in der Schweiz, denn nur durch sie sind spektakuläre Bergerlebnisse mit Leichtigkeit und Komfort zu geniessen. Die Fahrt mit einer Bergbahn bedeutet pure Bequemlichkeit und gilt als reine Faszination für jeden, der dies noch nie erlebt hat. Aus diesem Grund erfreuen sich die Bergbahnen auch heute noch grösster Beliebtheit bei Ausflugsgästen und Touristen aus dem Fernen Osten.

In der gegenwärtigen öffentlichen Wahrnehmung werden die Bergbahnen jedoch nicht primär mit dem Bergerlebnis assoziiert, sondern mit der Ermöglichung des Ski- und Schneesports. Durch die technische Entwicklung wurde es für jedermann möglich, wiederholt und mühelos über schneebedeckte Hänge zu gleiten, diesen Rausch mit anderen zu teilen und dadurch aktiv einer Trend-Bewegung nachzugehen.

Für dieses Erlebnis haben Gäste in den Boom-Jahren vieles in Kauf genommen: Staus, Verkehrschaos auf dem Parkplatz, hohe Kosten, endlose Schlangen an der Kasse, am Lift oder im Restaurant, schlechte Schnee- oder Pistenqualität etc. Auf spezifische Bedürfnisse der Gäste mussten Bergbahnunternehmen dabei kaum eingehen. Die wachsende Nachfrage war stets grösser als das zunächst nur langsam aber stetig wachsende Angebot.

Abbildung 1: Langzeit-Entwicklung der Winter-Ersteintritte von Schweizer Bergbahnen

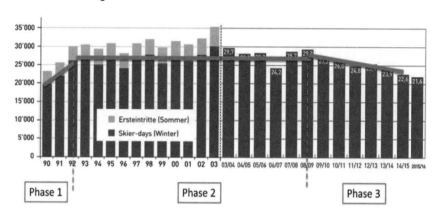

Quelle: Seilbahnen Schweiz / grischconsulta, 2016

Für den Spass auf der Piste rüsteten die Bergbahnen mächtig auf: Die Kapazitäten wurden gesteigert und die Wartezeiten (am Lift, an der Kasse, im Restaurant, auf der Strasse) beseitigt. Die Sicherheit, die Qualität des Essens sowie der Komfort (z.B. gepolsterte Sitze, Hauben und Sitzheizungen auf den Sesselliften) wurden kontinuierlich erhöht. Die Skifahrer hatten alles was sie wollten und alle, die Skifahren wollten, kamen auch. 20 Jahre lang – von 1990 bis 2010 – blieb die Zahl der Ersteintritte bei den Schweizer Bergbahnen mehr oder weniger konstant.

Die Befriedigung der Bedürfnisse der Skifahrer und Schneesportler hat die Leistungsbereitstellung der Bergbahnen über Jahrzehnte beherrscht und sie tut es auch heute noch. Seit 2010 nimmt jedoch die Zahl der Ersteintritte in der Schweiz im Winter kontinuierlich ab. Die dynamische Veränderung der Gästestruktur, beeinflusst durch die gegenwärtigen Megatrends, hat direkte Auswirkungen auf die alpine Tourismuswirtschaft.

2 Bestimmende Megatrends

Die Wechselkurs-Thematik und die veränderten internationalen Marktverhältnisse stellen die alpine Tourismuswirtschaft der Schweiz vor neue Herausforderungen. Die Euroschwäche und Überbewertung des Schweizer Frankens haben zur Folge, dass Skiferien in der Schweiz im Vergleich zu den umliegenden Alpenländern massiv teurer geworden sind. Dies hat zu einem grossen Wettbewerbsnachteil für Schweizer Bergbahnen und alpine Destinationen geführt.

Abbildung 2: Vergleich des Verlaufs der Ersteintritte und des CHF/EUR – Kurses

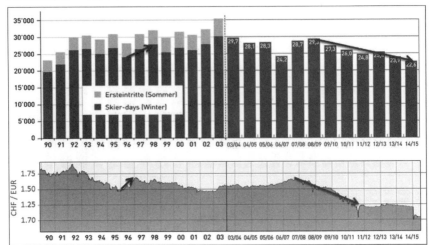

Quelle: grischconslulta, 2016

Die vorherrschenden Megatrends wie der globalisierte Tourismus, die Digitalisierung, die soziale Vernetzung, die demographischen Verschiebungen der Gesellschaft, die Migrationsthematik sowie die Klimaveränderungen bringen einen Wandel in der Gästestruktur mit sich.

2.1 Globalisierung und globale Mobilität

Die Alpen-Destinationen stehen in einem direkten globalen Wettbewerb. Durch die stetig sinkenden Flugpreise werden Fernreisen und Strandferien für die europäische Bevölkerung immer attraktiver[1]. Im globalisierten Wettbewerb ist der Strand in Thailand für viele Europäer einfacher und günstiger erreichbar als eine alpine Wintersport-Destination.

Die Globalisierung birgt gleichzeitig jedoch auch positive Aspekte für Schweizer Bergbahnen. Für Gäste aus Ländern mit guten Wachstumsprognosen für die mittlere und obere Bevölkerungsschicht werden die Alpen als Reiseziel stetig beliebter. Die Schweiz mit ihrer sehr guten Verkehrsinfrastruktur und einem sicheren, komfortablen und raschen Zugang in das Herz der Alpen gilt dabei als besonders attraktiv. Dies sind ausgezeichnete Voraussetzungen für Schweizer Bergbahnen, ihr Angebot für Gäste aus Fernmärkten weiter auszubauen.

---

[1] grischconsulta AG (2016)

2.2 Digitalisierung und soziale Vernetzung

Virtuell, individuell, digital und medial: Die multioptionale, virtuelle Gesellschaft ist Realität. Vor allem Kinder und Jugendliche verbringen einen grossen Anteil ihrer Freizeit in der digitalen Welt[2]. Nur wer sich mit ihnen in den sozialen Netzwerken vernetzt, kann sie via Werbebotschaften auf spezifische Produktangebote aufmerksam machen. Die junge Generation entscheidet für sich selbst und beeinflusst durch ihr Handeln das eigene soziale Umfeld massgebend. Die Generation X und Y sind von gestern, die Generation Z rückt in den Fokus[3].

2.3 Multioptionalität

Das Angebotsspektrum im Freizeitbereich ist in den letzten Jahren enorm gewachsen. Neben der medialen Freizeitgestaltung mit Social Media, Online Games etc., hat auch das stadtnahe Freizeitangebot massiv zugenommen[4]. Ob Freizeitpark, Fitnesscenter, Kino, Museum oder Zoo, das Angebot an Freizeitaktivitäten ist beinahe grenzenlos. Die Schweizer Bergbahnen müssen sich mit einem stark gewachsenen Wettbewerbsangebot auseinandersetzen.

2.4 Demographie und Migration

Die europäischen Stammmärkte der Schweiz (Deutschland, Frankreich, Italien, Beneluxstaaten und der Heimmarkt Schweiz) sind grundlegenden Veränderungen in ihrer Altersstruktur und kulturellen Vielfalt unterworfen. Durch die demographische Entwicklung steigt beispielsweise in Deutschland die Zahl der über 65-Jährigen bis 2025 um 2,6 Millionen auf 19,8 Millionen[5]. Eine aktive Skifahrer-Generation, welche die boomenden Jahre des Skifahrens erlebt hat, steht vor dem Ende ihrer Ski-Karriere.

---

[2] Brändle (2008)
[3] grischconsulta AG (2017)
[4] grischconsulta AG (2016)
[5] Statistisches Bundesamt Destatis (2016)

Abbildung 3:   Das Älterwerden der Wohlstands-Babyboomer in Deutschland

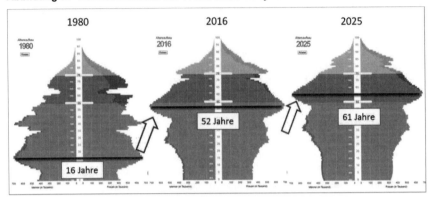

Quelle: Statistisches Bundesamt Destatis, 2016

Der Anteil von Personen mit Migrationshintergrund hat in der Schweiz und in den Nachbarländern in den letzten zehn Jahren stark zugenommen. Von den Kindern zwischen 0 und 15 Jahren in der Schweiz stammen rund 50% aus einem Haushalt mit Migrations-Hintergrund[6]. Obwohl in einzelnen Zuwanderungsländern eine gewisse Affinität zum Skifahren besteht und durch die Integration von einer Anpassung des Sportverhaltens ausgegangen werden kann, bleibt doch eine erhebliche kulturelle Schwelle bestehen.

2.5   Nachhaltigkeit und Klimawandel

Der Klimawandel hat direkte Auswirkungen auf das touristische Produkt der Bergbahnen. Selbst die technischen Möglichkeiten (zur Beschneiung) stossen an ihre Grenzen. Die jüngsten Auswertungen von Klimadaten aus praktisch allen alpinen Regionen in der Schweiz zeigen, dass die Dauer einer durchgehenden Schneedecke seit den 1970er-Jahren kontinuierlich um 38 (!) Tage abgenommen hat[7].

Am Skifahren zeigt sich exemplarisch und für jeden direkt spürbar, wie der Klimawandel unseren Alltag verändert. Vielfach herrscht eine medial verbreitete Meinung, dass durch das Skifahren die Ressourcen der Natur überbeansprucht werden. Durch ihre thematische Exponiertheit sind Bergbahnunternehmen beziehungsweise die gesamte Bergbahnbranche kommunikativ sehr stark gefordert. Die eigene Verpflichtung zur Nachhaltigkeit und die glaubwürdige Umsetzung von Massnahmen werden immer wichtiger.

---

[6]   Bundesamt für Statistik (2008)

[7]   Institut für Schnee- und Lawinenforschung SLF (2016)

3 Clusterbildung für Bergbahnen

Die Bergbahnbranche muss sich mit den verändernden internationalen Marktverhältnissen und vorherrschenden Megatrends aktiv auseinandersetzen. Denn die bisher augenscheinlich fokussierte Angebotsorientierung vieler alpiner Destinationen auf Skifahrer und Schneesportler hat eine frühzeitige Ausrichtung auf neuartige Bedürfnisse, Märkte und Zielgruppen gebremst. Der fixierte Blick auf die «bewährten Märkte» wie die treue Schweizer Familie, der dankbare Deutsche, die genüssliche Französin oder der spendable Russe hat die Leistungs-bereitstellung vieler Bergbahnen über Jahrzehnte beherrscht. Nun sind diese Märkte überaltert, beziehungsweise unterjüngt oder bankrott – der Lack ist ab.

Die Welt wächst zusammen und zerfällt gleichzeitig doch wieder in Sub-Gruppierungen und Communities. Diese bestimmen durch ihr Profil und ihre Einstellungen das Konsum- und Reiseverhalten. Aufgrund der gegenwärtigen Megatrends und internationalen Markverhältnisse bieten sich ausgewählte Zielgruppen – auch «Cluster» genannt – an, welche für die Entwicklung des Leistungsangebotes im alpinen Tourismus eine besondere Relevanz haben können:

- Stamm-Märkte
- Fernmärkte
- Senioren
- Familien
- Generation Z
- Migranten / Secondos
- Preissensitive

Das neue Selbstverständnis von Bergbahnen als ganzjähriger Erlebnisanbieter am Berg zu operieren, verlangt von den jeweiligen Unternehmen, sich solide Kenntnisse über die spezifischen Bedürfnisse und Verhaltensweisen der oben genannten Zielgruppen anzueignen. Nur so können sie ihre Chancen erkennen und die ausgewählten Angebots- und Erlebnislinien am Berg auf die aktuellen und zukünftigen Erwartungen im Markt anpassen. Auf dieser Wissensbasis sind mittel- und langfristige Investitionsprogramme und Unternehmensstrategien anzupassen und laufend neu auszurichten.

Die demographische Vielfalt ist sowohl im Heimmarkt Schweiz wie auch in den ausländischen Zielmärkten eine Herausforderung. Betrachtet man die oben aufgeführten Zielgruppen jedoch näher, stellt man mindestens zwei Gemeinsam-keiten fest:

1. Alle weisen grosse Potentiale für die Bergerlebnisgebiete im Sommer und im Winter auf, erfordern aber durch ihre Heterogenität in sich eine spezifische Angebotsentwicklung.
2. Die einzelnen Cluster müssen mit ganz unterschiedlichen Preisstrategien bedient werden. Starre Preisstrukturen, die man in der Bergbahnbranche nach wie vor antrifft, gehören der Vergangenheit an. Das Zukunftsmodell ist das dynamische, flexible Pricing.

4 Strategische Entwicklungspfade

Die in Jahrzehnten aufgebauten und bis 2005 stabilen europäischen Stammmärkte (Deutschland, Grossbritannien, Benelux, Frankreich, Italien, Schweiz) für Wintergäste sind seit der Finanzkrise ab 2007 stark eingebrochen und erholen sich kaum. Die daraus resultierenden Einbussen für Schweizer Bergbahnen müssen mit neuen Gästen aus anderen Segmenten und aus neuen Märkten kompensiert werden.

Um aus den heterogenen Bedürfnissen der oben genannten Zielgruppen spezifische Angebote zu entwickeln, bieten sich verschiedene strategische Entwicklungspfade an.

4.1 Reaktion auf den Klimawandel

Die festgestellten Klimaveränderungen und damit einhergehenden Verkürzungen des Winters in den vergangenen 40 – 50 Jahren sind keine Hypothesen, sondern wissenschaftlich belegte Fakten. Ob sich die Erwärmung des Klimas im selben Masse fortsetzt, ist gegenwärtig offen. Jedoch deutet derzeit wenig darauf hin, dass sich der Prozess stabilisiert oder gar wieder rückgängig läuft.

Während das Skifahren in höheren Lagen mit grösseren Skigebieten an Exklusivität gewinnen wird, werden Destinationen in tieferen und mittleren Lagen Schwierigkeiten haben, einen kostendeckenden Skibetrieb aufrecht zu erhalten. Für diese Gebiete stellt sich die Frage, ihr Angebot in Richtung ski-unabhängige Wintersportarten auszubauen. Sie stehen ausserdem in einer sehr guten Ausgangslage, die Sommersaison rund um die Themen Ausflug, Erholung, Gesundheit, sanfte Sportarten und Natur in idealen Höhenlagen auszubauen, falls die Temperaturen im Flachland-Sommer heisser und damit unangenehmer werden.

4.2 Vom Skigast zum individuellen Gast

In Zukunft wird es sich kaum eine alpine Destination oder Bergbahn mehr leisten können, alle ihre Gäste als Skigäste zu behandeln, wie es gegenwärtig noch vielerorts der Fall ist. Es hat eine Diversifizierung in der Gestaltung des Angebotes statt zu finden. Denn heute gibt es nicht mehr nur den Massenmarkt der Skifahrer, sondern eine Vielzahl von Nischen-Märkten wie «Schnee-Enthusiasten», «Gelegenheitsskifahrer», «Naturliebhaber», «Ruhesuchende», «Freerider», «Freestyler», «Genussorientierte», «Preissensitive», «Familien», «Menschen mit Mobilitätseinschränkungen» und viele weitere.

Die heterogene Angebotsvielfalt im alpinen Tourismus ist perfekt dafür geeignet, um auf die Heterogenität der verschiedenen Zielgruppen einzugehen. Mit innovativer Angebotsgestaltung auf individuelle Bedürfnisse zu zielen und dies konkret in der jeweiligen Zielgruppe zu kommunizieren, darin liegt der Schlüssel zum Erfolg. Die zugeschnittene Angebotsgestaltung für einzelne Nischen bedingt natürlich, dass man seine eigene Gästestruktur genau kennt. In diesem Punkt hat die Schweizer Bergbahnbranche noch grossen Nachholbedarf.

4.3 Vom Skifahren zu Genussferien in den Alpen

Nur noch ein Teil der Gäste will sieben Stunden am Tag auf der Piste verbringen. Der Genuss in all seinen Facetten hat heute einen sehr viel höheren Stellenwert. Dazu gehört Gemütlichkeit, kuschelige, authentische Hütten-Ambiance in den Bergrestaurants, Sonnenbaden auf der Terrasse - eingehüllt in warme Schaffelle, Après-Ski in der Schirmbar, Glühwein am grossen Kaminfeuer und vieles mehr.

Neben dem Skifahren bieten die Alpen auch zahlreiche weitere Möglichkeiten zum Zeitvertreib wie Freeriding, Tourengehen, Schlittenfahren, Winterwandern, Sonnenbaden, gesundes Essen im Bergrestaurant oder Langlauf mit dem Hund auf der Hundeloipe. All diese Aktivitäten erfüllen wichtige gesellschaftliche Aspekte und bieten einen hohen gesundheitlichen Erholungswert im Höhenklima und reiner Bergluft. Für ältere Gäste formen oftmals nicht mehr primär sportliche Leistungsparameter, sondern vielmehr die erlebten Genussmomente und die Stressfreiheit ihr positives Urlaubsbild.

4.4 Vom Transportunternehmen zum Erlebnisanbieter am Berg

Bei Bergbahnunternehmen herrscht gegenwärtig noch vielerorts eine hohe Technikorientierung oder Transportkompetenz vor. Dabei hat eine Marktorientierung anhand der Gästebedürfnisse eine mindestens gleichwertige Relevanz. Was zählt, ist das Potential als ganzheitlicher Erlebnisanbieter am Berg – sowohl im Winter, als auch im Sommer. In vielen klassischen Winterdestinationen gibt es bislang noch wenige attraktive Angebote neben dem traditionellen Skifahren. Die Produktpalette und die Kommunikation sind grösstenteils auf das Skifahren ausgerichtet und daher zu wenig attraktiv für jene Gästesegmente, die nicht nur Skifahren wollen, sondern das Gesamterlebnis «Berg» suchen.

Um in den verschiedenen Markt-Nischen mitmischen zu können, müssen die Motive der unterschiedlichen Cluster (Zielgruppen) verstanden und individuell bedient werden. Je besser Bergbahnunternehmen geeignete Angebote für mehrere Interessengruppen am Berg anbieten können, desto eher erreichen sie stabile oder wachsende Gästezahlen in ihrem Gebiet.

Erlebnisanbieter am Berg zu sein hat einen nachhaltigen Einfluss auf die Investitionen in Transportsysteme. So sind Sesselbahnen ideal als Beschäftigungsanlagen im Skibetrieb. Für Talfahrten und Fussgänger sind sie hingegen oftmals gar nicht ausgelegt und für Mobilitätseingeschränkte gar nicht zugänglich. Wer vielfältige Erlebnisse am Berg im Winter und im Sommer anbieten will, muss daher eher barrierefreie Gondelbahnen oder Kombibahnen (Sessel und Gondeln) installieren. Andernfalls schliesst man zukünftig wichtige Zielgruppen von Beginn an aus.

4.5 Vom Einzelanbieter zur integrierten Servicekette

Die erfolgreichen Schweizer Ausflugsbahnen bieten ihren Gästen häufig ganze Erlebnispakete inklusive Anreise mit dem öffentlichen Verkehr, Übernachtung und weiteren Serviceleistungen an. Das ist somit viel mehr als nur die Berg- und Talfahrt mit der Gondel oder mit der Standseilbahn.

Die Integration von weiteren Leistungsträgern in der Destination sollte auch bei Bergbahnen eine wichtige Rolle spielen, wenn es um die Entwicklung neuer Erlebnisbündel für Wintersportarten und Sommerattraktionen am Berg geht. Dies hat nicht nur mit der Angebotsgestaltung zu tun, sondern beginnt bereits bei der Positionierung und der strategischen Ausrichtung der Bergbahnunternehmung und betrifft die ganze Servicekette. Eine integrierte, gut designte Servicekette von der Information über die Buchung und Anreise bis hin zum Aufenthalt, dem Skiservice, der Skischule sowie den Ski-Tickets mit täglicher Messung der gefahrenen Höhenmeter – alles in durchgehend hoher Dienstleitungsqualität und online zugänglich – entspricht dann dem «state of the art».

Mittelgrosse oder kleinere Skigebiete, die meistens in tieferen Lagen angesiedelt sind, haben grössere Chancen im Markt, wenn sie ein breites Erlebnisangebot präsentieren können. Dabei sollte die Positionierung mit der Ausrichtung der ganzen Destination übereinstimmen, damit die verschiedenen Angebote am Berg und im Tal miteinander vernetzt werden können.

5 Flexibles Pricing

5.1 Preissensibilität

Technik, Digitalisierung und gesellschaftliche Faktoren beeinflussen Menschen und ihr Konsumverhalten in bisher ungekanntem Masse. Die Aussage, dass nur extreme Preisstrategien wie Low-Budget- oder Luxus-Segmente reelle Wachstumschancen haben, ist in der Bergbahnbranche weit verbreitet. Der hybride

Kunde entscheidet heute jedoch nicht mehr rein aufgrund von «billig» oder «teuer». Gerade beim Ausflugstourismus oder in den Ferien beeinflussen Erlebniswerte, Emotionen und Inszenierungen den Kaufentscheid erheblich. Ein Angebot sollte immer auf die Wünsche des Gastes zugeschnitten sein und nicht auf die Meinung des Anbieters, was der Gast wohl braucht. Dieser Schritt bildet die Basis für den Verkauf höherwertiger Produkte und Angebote.

Skifahren hat sich in den letzten Jahren zu einem sehr teuren Freizeitvergnügen entwickelt. Rechnet man neben den Kosten für das Ski- oder Bergbahnticket alle weiteren nötigen Auslagen für einen Skitag hinzu, erreichen die Ausgaben für eine Familie mit Kindern bereits die Schwelle von 500 Schweizer Franken. Deshalb sind für den Gast diejenigen Angebote und Preise attraktiv, welche nicht allein die reine Benützung der Liftanlagen respektive des Skigebietes beinhalten, sondern die Gesamtkosten abdecken. So können der öffentliche Verkehr, Parkgebühren, Verpflegung, die Mietung der Skiausrüstung oder die Nutzung anderer örtlicher Infrastrukturen in einem Preispaket angeboten werden. Allerdings möchte der Gast nicht für etwas bezahlen, das er gar nicht braucht. Deshalb sollte anstatt mit starren, viel eher mit dynamischen und individuell zusammengestellten Angebotspaketen gearbeitet werden.

5.2 Preismodelle und Preisgestaltung

Das bisher gängigste Preismodell der Schweizer Bergbahnen ist der aus der Beherberungsbranche bekannte Listenpreis. Bis anhin wurden Preisdifferenzierungen fast ausschliesslich über Gästegruppen (z.B. Kinder, Studenten, Senioren) oder über den Kaufzeitpunkt (z.B. Vorsaison, Hauptsaison) definiert.

Das Zukunftsmodell heisst jedoch dynamisches und flexibles Preismanagement, auch Yielding genannt, welches bei Fluggesellschaften oder im Hospitality-Segment bereits vor Jahren etabliert wurde. Die Variation des Preises wird genutzt, um mit preislich induzierten Mengenanpassungen schwankende Auslastungen zu steuern. Bei Dienstleistungen, die durch eine feste Kapazität mit hohen Fixkosten und temporär stark schwankender Nachfrage gekennzeichnet sind, ist Yielding ein geeignetes Instrument, Kapazitäts- und Ertragsoptimierung zu erreichen.

Dieses System ist durchaus auch für Skigebiete attraktiv. Die Preise für Skipässe und Tageskarten können unter Einbezug von Faktoren wie Konkurrenzpreise, Angebot und Nachfrage, Wetteraussichten etc. täglich neu berechnet werden. Dabei müssen die Transparenz und die Verständlichkeit für den Gast sowie die kontinuierliche Kontrolle der Gästereaktionen während der Einführung und der Anwendung des Yieldings jedoch oberste Priorität geniessen.

6 Der Schlüssel zum Erfolg

Im gegenwärtig schwierigen Marktumfeld, in welchem sich die Schweizer Bergbahnen befinden, sind Anpassungen und neue Weichenstellungen bezüglich Strategie und Taktik essentiell. Nur wer auf die aktuellen Markttrends reagiert, seine Gästestruktur versteht, daraus die geeigneten Zielgruppen ableitet und für diese attraktive Angebote kreiert, kann sich längerfristig im immer härter werdenden Konkurrenzumfeld behaupten.

Das Bestreben von Bergbahnunternehmen muss deshalb sein, alle Leistungsträger einer Destination für eine gemeinsame Strategie zu begeistern. Wer eine gemeinsame Strategie verfolgen und gemeinsame Entscheide treffen will, muss eine gemeinsame Sprache sprechen und ein gemeinsames Verständnis für die eigene Gästestruktur entwickeln. Daraus ergibt sich eine deutliche Profilierung im Markt sowie ein klares Verständnis der Profilierung sowohl nach innen in die Destination als auch nach aussen in den Markt.

Das alpine Bergerlebnis hat trotz den veränderten internationalen Marktverhältnissen und vorherrschenden Megatrends das Potenzial zur ganzjährigen Attraktion. Dabei sind die Bergbahnen so unersetzbar wie der Lift in einem Hochhaus: Ohne Bergbahnen gibt es kein «erhebendes und erholsames» Bergerlebnis für ein breites Publikum.

Literaturverzeichnis

Brändle, Linus (2008): Wie ticken Jugendliche? Zusammenfassung Sinus-Milieustudie U27

Bundesamt für Statistik (2008): Ausländerinnen und Ausländer in der Schweiz. Bericht 2008

grischconsulta AG (2016): Gesamtstudie Bergbahnen wohin? – 2025. Modul 1. Trendreport Zielgruppen und Märkte

grischconsulta AG (2017): Gesamtstudie Bergbahnen wohin? – 2025. Modul 2. Entwicklungspfade für Bergbahnen und alpine Destinationen mit einem Werkzeugkasten für neue Angebote und Service Design

Schweizer Institut für Schnee und Lawinenforschung SLF (2016): Shorter snow cover duration since 1970 in the Swiss Alps due to earlier snowmelt more than to later snow onset

Seilbahnen Schweiz (2016): Zahlen und Fakten zur Schweizer Seilbahnbranche, Ausgabe 2016

Statistisches Bundesamt Destatis (2016): Koordinierte Bevölkerungsvorausabrechnung für Deutschland

Wandel im Wellnessverständnis

Auswirkungen auf Wellnesshotels und die Gastgeberrolle

Roland Lymann, Anna Wallebohr, Lisa Fickel, Julia Huilla

Abstract

Die Wellnessnachfrage verlagert sich immer mehr vom reinen Erholen und Geniessen hin zur ganzheitlichen Wellness im Sinne der Erhöhung der langfristigen Lebensqualität. Damit wird der Wettbewerb nicht mehr vornehmlich über die Grösse und Ausstattung der Spas ausgetragen; im Vordergrund stehen innovative und auf die konkreten Bedürfnisse der Gästesegmente des jeweiligen Wellnesshotels ausgerichteten Dienstleistungspaletten. Erfolgsversprechend scheinen authentische, naturnahe Angebote, die den Gästen Raum und Zeit für sich selber und für Kontakte mit Freunden und Bekannten geben – dem Luxus der Zukunft.

Keywords: Wellnesstourismus, Motive, Verständnis, Gastgeberrolle, SPA

1 Ausgangslage

Die steigenden Erwartungen an die Leistungsfähigkeit auf dem Arbeitsmarkt und der Gesellschaft an die Selbstverantwortung für die eigene Gesundheit und das eigene Wohlbefinden fördern die gesunde Ernährung, aber auch eine aktive Freizeitgestaltung (Berg, 2008; Bundesamt für Gesundheit, 2013; Bundesministerium für Wirtschaft und Technologie, 2011; Lanz-Kaufmann & Stettler, 2009; Reuber & Schnell, 2005, S. 277 & The Economist, 2017). Für das persönliche Wohlbefinden spielen Lebensfreude, Zeit für die Familie, aber auch persönlicher Freiraum, Entscheidungsautonomie und stimmige Kontakte eine immer grössere Rolle. Diese Trends werden sich, so prognostizieren zahlreiche Wellnessexperten, auf die Bedürfnisse der Gäste im Wellnesstourismus auswirken. Es wird ein Wandel der Wellnessnachfrage vom passiven Erholen und Geniessen hin zu aktiver Entspannung und Regeneration, zur ganzheitlicher Wellness im Sinne der Erhöhung der langfristigen Lebensqualität und der Lebensfreude erwartet (beauty24 & Wellness-Hotels & Resorts, 2016; Global Wellness Institute, 2014 & 2017; Global Wellness Summit, 2016; Hertel, 2016; Hösch, 2017; Jerich, 2016 & The Economist, 2017).

Diese Veränderung in der Nachfrage implizieren neue Anforderungen an Wellnesshotels und im speziellen an die Rolle der Gastgeber. Damit die Führungskräfte im

Gesundheits- und Wellnesstourismus, einem für den Schweizer Tourismus wichtigen Geschäftsfeld, für die Zukunft gerüstet sind, wurde dieses Thema im Institut für Tourismuswirtschaft (ITW) der Hochschule Luzern – Wirtschaft entsprechend aufgearbeitet. Auf der Basis des ursprünglichen Verständnisses des Wellnessbegriffes und der Erhebung der aktuellen und zukünftigen Gästebedürfnisse in Schweizer Wellnesshotels, wurden mit Experten aus der Praxis konkrete Ideen und Lösungsvorschläge erarbeitet.

2 Ursprüngliches und wieder aktuelles ganzheitliches Verständnis von Wellness

Der Begriff Wellness ist seit über 300 Jahren Teil der englischen Sprache (zusammengesetzt aus den beiden Worten «Wellbeing» und «Fitness») und bedeutet „Wohlbefinden" und «gute Gesundheit». Diesen Begriff nahm der Amerikanische Arzt Halbert Dunn im Jahre 1959 auf; er wollte ursprünglich ausdrücken, dass man beim Sport nicht an die Grenzen gehen sollte, sondern Körper, Geist und Seele in Einklang bringen soll. Wellness implizierte für ihn einen Lebensstil mit Selbstverantwortung für die eigene Gesundheit, mit dem Ziel einer höheren Lebensqualität. (Dunn, 2010; Lanz-Kaufmann & Stettler, 2009).

Ardell (1977) nahm den Ansatz von Dunn auf und beschrieb in den 1970-er Jahren ein Modell zur Umsetzung von Wellness durch Eigenverantwortung, Übungen und Fitness, Ernährung und Stressbewältigung sowie Umweltsensitivität. Bereits in den 1970-er Jahren war das Ziel von Wellness „(…) eine Verbesserung der gesundheitsbezogenen Lebensqualität" (Ardell, 2010). Im Jahre 2010 erweiterte Ardell sein bisheriges Wellnessmodell durch die mentale und körperliche Komponente mit der Einführung des REAL-Wellness-Modells. Damit will er auf systematische Weise informieren und motivieren, gesundes Verhalten anzunehmen und beizubehalten. Das Akronym REAL steht dabei für Vernunft (Reason), Ausgelassenheit (Exuberance), Athletik (Athleticism) und Freiheit (Liberty) (Ardell, 2010, S. 4-5). Es umfasst rationales, kritisches Denken, Enthusiasmus und überschwängliche Lebensfreude sowie die Athletik. Reason, Exuberance und Liberty zielen auf die geistige Ebene ab, wohingegen Athleticis sich auf die körperliche Ebene bezieht. Laut Ardell beginnt das anhaltende Wohlbefinden im Kopf. Der positiven Einstellung gegenüber Gesundheit sowie der Entwicklung eines persönlichen, bewussten Lebensstils wird grosse Bedeutung zugemessen, um die Lebensqualität zu verbessern (Ardell, 2010; Jerich, 2016, S. 13).

Lange Zeit verstand der Grossteil der Bevölkerung unter Wellness jedoch nicht das, was Dunn bereits in den 1960-er Jahren beschrieb. Wellness wird von der Bevölkerung vorwiegend mit Angeboten zur passiven Entspannung und Erholung in Verbindung gebracht (sogenanntes Wellness light, vgl. Stettler, 2004), oft verbunden mit kulinarischen Gelüsten. Gefragt sind bei diesem Wellnessverständnis Hotels mit grosszügigen Angeboten an Bäder- und Saunalandschaften verbunden mit Gourmetrestaurants.

Der aktuelle gesellschaftliche Wandel (vgl. Kap.1) unterstützt jedoch die Verlagerung des Verständnisses des Wellnessbegriffs in Richtung des REAL-Wellness-Modell von Ardell. Um die erwartete Veränderung in der Wellnessnachfrage zu überprüfen und darauf reagieren zu können, wurden Wellnessgäste in Schweizer Hotels befragt. Die Ergebnisse dieser empirischen Untersuchung werden im folgenden Kapitel dargestellt.

3 Verhalten und Erwartungen von Wellnessgästen in der Schweiz

3.1 Befragung von Wellnessgästen
Um die aktuellen und zukünftigen Bedürfnisse der Gäste strukturiert zu erfassen, wurde eine Online-Umfrage bei Gästen von Schweizer Wellnesshotels durchgeführt. Die Basis für die empirische Untersuchung bildet eine Stichprobe von 76 Probanden aus der Schweiz, welche zu ihren Alltagsaktivitäten, zu den Aktivitäten in ihren letzten Wellnessferien sowie über ihre geplanten Aktivitäten und Erwartungen an zukünftige Wellnessferien befragt wurden. Alle Probanden hatten bereits Erfahrungen mit Wellnessferien. Als theoretische Grundlage zur Beurteilung, ob bei den Gästen in Schweizer Wellnesshotels eine Verlagerung Richtung ganzheitliches Wellness stattfindet, diente das REAL-Wellness-Modell von Ardell. Um als REAL-Wellness-Gast eingestuft zu werden, musste die befragte Person mindestens eine Aktivität aus den folgenden Bereichen ausgeführt haben, welche die relevanten Inhalte des REAL-Wellness-Modells abbilden:

- Bewegung (Sport / Bewegung / Meditation / Yoga)
- Wohlfühlbehandlungen (Psychotherapeutische Angebote / Medizinische Therapien / Spa Wohlfühlbehandlungen / Äusseres Wohlbefinden)
- Soziokulturelle Aktivitäten (Kontaktpflege von Familien und Freunden / Kulturelle Aktivitäten / Zeit in der Natur)
- (gesunde) Ernährung

Befragte, welche dieses Kriterium nicht erfüllten, wurden als Wellnessgast, welcher Erholung und Genuss in den Vordergrund stellt, eingestuft.

3.1 Stichprobe
Den Grossteil der Stichprobe bilden die 51- bis 70-Jährigen Gäste mit 39 Teilnehmenden (51%). Die kleinsten Altersgruppen bilden die unter 31-Jährigen (7%) und ab 71-Jährigen (4%). Mehr als die Hälfte der Probanden (54%) hat ein Einkommen über CHF 6'501. In Bezug auf die Verteilung der Geschlechter ist eine stärkere Beteiligung des weiblichen Geschlechtes mit 63% gegenüber dem männlichen mit 36% festzustellen. 46% der Befragten haben einen Lehrabschluss und 36% einen Bachelor oder Master-Abschluss. Bei der Auswahl der Stichprobe handelt es sich um eine Zufallsstichprobe und sie ist somit nicht repräsentativ.

3.2 Ergebnisse

3.2.1 Vielfältige Wellnessaktivitäten im Alltag

Abbildung 1: Massnahmen zur Steigerung des Wohlbefindens im Alltag und Aktivitäten in gemachten Wellnessferien

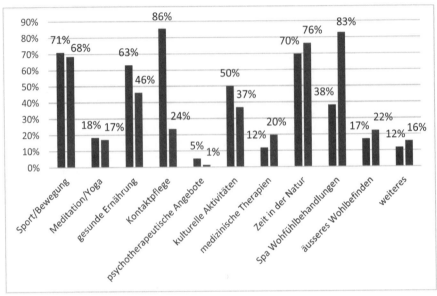

Legende:

■   Aktivitäten im Alltag (N=76)

■   Aktivitäten in gemachten Wellnessferien (N=76)

Um ihr Wohlbefinden im Alltag zu steigern unternehmen die befragten Personen verschiedene Massnahmen (vgl. Abb. 1). Sie pflegen den Kontakt mit ihrem Umfeld (86 %), treiben Sport und bewegen sich (71%), verbringen ihre Freizeit in der Natur (70%), ernähren sich gesund (63%) und nehmen an kulturellen Aktivitäten (50%) teil. Medizinische Therapien und Psychotherapie nehmen eher weniger Probanden in Anspruch (12% bzw. 5%).

In den Wellnessferien sind den Gästen mit grossem Abstand zu anderen Aktivitäten Spa- und Wohlfühlbehandlungen am Wichtigsten (83%), Zeit in der Natur (76%) sowie Sport/Bewegung (68%).

Vergleicht man die Aktivitäten der Befragten zur Steigerung des Wohlbefindens im Alltag mit denen der letzten Wellnessferien (vgl. Abb. 1), so lässt sich folgende interessante Feststellungen machen: Kontaktpflege und kulturelle Aktivitäten stehen v.a. im Alltag, aber weniger in den Ferien auf dem Programm. Auf eine gesunde Ernährung haben die Befragten bei ihren letzten Wellnessferien ebenso weniger geachtet als im Alltag (-17%), in den Ferien möchte man geniessen. Im Vergleich zum Alltag haben die Gäste jedoch mehr Spa- und Wohlfühlbehandlungen (+45%) sowie medizinische Therapien (+8%) in Anspruch genommen und verbrachten mehr Zeit in der Natur (+6%). Auch das äussere Wohlbefinden (+5%) scheint den Gästen in Ihren Wellnessferien wichtiger zu sein, als in ihrem Alltag. Insgesamt

3.1.2 Zukünftige Nachfrage in Wellnessferien

Neben den Aktivitäten im Alltag und in den letzten Wellnessferien, wurden die Befragten auch zu ihren geplanten Aktivitäten in den zukünftigen Wellnessferien befragt (vgl. Abb. 2). Die höchste Nachfrage in den Wellnessferien wird weiterhin für Spa- und Wohlfühlbehandlungen (86%, +3%), für Angebote in der Natur (84%, +8%) sowie für Bewegungsangebote (68%, +0%) bestehen. Stark zunehmen wird das Interesse voraussichtlich für Angebote im Bereich der gesunden Ernährung (+12%), dem äusseren Wohlbefinden (+11%) sowie nach kulturellen Aktivitäten (15%). Gemäss den Ergebnissen aus der Befragung scheinen medizinische Therapien für die Befragten in den nächsten Wellnessferien weniger wichtig als noch in den letzten Wellnessferien (-6%).

Abbildung 2: **Aktivitäten in letzten und zukünftigen Wellnessferien**

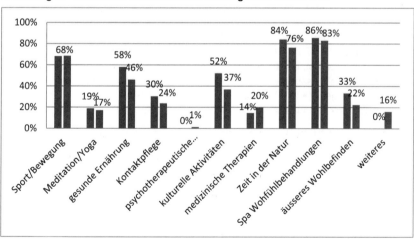

■ Aktivitäten in zukünftigen Wellnessferien (N=69)
■ Aktivitäten in gemachten Wellnessferien (N=76)

3.1.3 Ganzheitliche Wellness immer stärker gefragt

Wie in Kapitel 3.1 erläutert, wurden die Wellnessgäste anhand der tatsächlichen Aktivitäten während ihrer letzten Ferien, als auch für ihre zukünftigen Wellnessferien als Wellness-Gast oder REAL-Wellness-Gast eingeteilt. Von den 76 Befragten, wurden 86% aufgrund des Verhaltens in den letzten Wellnessfreien als Wellnessgast und nur 14% als REAL-Wellnessgast eingestuft (vgl. Tabelle 1). 69 der befragten Personen gaben auch ihre geplanten Aktivitäten für ihre zukünftigen Wellnessferien an. Der Anteil an Gästen, die darauf basierend dem Segment der REAL-Wellnessgäste zugehören steigt auf 33%, während weiterhin noch 67% als Wellnessgast eingeordnet werden. Offen bleibt, ob die Gäste in ihren nächsten Wellnessferien tatsächlich alle geplanten Aktivitäten ausüben, oder die Zunahme durch den Unterschied zwischen geplanten zu tatsächlich wahrgenommen Aktivitäten begründet ist.

Tabelle 1: **Übersicht von Wellness- und REAL-Wellnessgästen**

	N	Wellnessgäste	REAL-Wellnessgäste
Bestehende Wellnessferien	76	86%	14%
Zukünftige Wellnessferien	69	67%	33%

3.1.4 Erwartungen an zukünftige Wellnessferien

Neben den Aktivitäten wurden auch die zukünftigen Erwartungen der Gäste an ihren Aufenthaltsort, an ihr Hotel erhoben. Wichtig für alle Gäste sind eine naturnahe und ruhige Lage des Hotels (84% / 91%) und eine grosszügige Bäder- und Saunalandschaft (84% / 78%). Ebenfalls wichtig ist den Gästen bei Ihrem Aufenthalt, dass kein Dichtestress im Hotel vorzufinden ist (61% / 57%). Höhere Erwartungen haben REAL-Wellnessgäste bezüglich der regionalen Abstützung von Produkten und Anwendungen (+19%), einer breiten Sportinfrastruktur in der Destination (+12%) sowie an den Gesamteindruck der Infrastruktur im Hotel (+16%).

Tabelle 2: **Erwartungen an ein Wellnesshotel nach Gästesegment**

	Wellnessgäste	REAL-Wellnessgäste	Unterschied in %
Höhere Erwartungen bei REAL-Wellnessgästen			
regionalen Abstützungen (Produkte / Anwendungen / Mitarbeitende)	55%	74%	+19%
breite Sportinfrastruktur in der Destination	14%	26%	+12%

guter Gesamteindruck der Infrastruktur im Hotel	62%	78%	+16%
Ähnlich hohe Erwartungen			
naturnahe und ruhige Lage des Hotels	84%	91%	+7%
grosszügige Bäder- und Saunalandschaft	84%	78%	- 6%
kein Dichtestress im Hotel	61%	57%	- 4%

3.1.4 Fazit: Veränderte Erwartungen von Wellnessgästen in der Schweiz

Mit dem steigenden Anteil der Wellnessgäste aus dem REAL-Wellness-Segment, verändern sich die Erwartungen an Wellnesshotels und andere Anbieter im Wellnessmarkt. Erwartungen wie eine naturnahe und ruhige Lage des Hotels sowie eine grosszügige Bäder- und Saunalandschaft bleiben sowohl bei den Wellnessgästen als auch bei den REAL-Wellnessgästen bestehen. Gäste wollen vermehrt Zeit in der Natur verbringen, sich bewegen, und Aktivitäten im Spa- und Beauty-Bereich besuchen. Wichtig ist ihnen dabei auch die regionale Abstützung der Produkte und Anwendungen.

4 Zukünftige Angebotsgestaltung und Gastgeberrolle in Wellnesshotels

4.1 Methodisches Vorgehen

In geführten Fokus-Gruppen mit 50 Experten aus Wellnesshotels, Kurhäusern, Wellnessdestinationen und anderen verwandten Betriebe wurden die Auswirkungen der sich verändernden Motive und Erwartungen von Gästen auf Wellnesshotels und Kurhäuser diskutiert sowie Lösungsvorschläge für das zukünftige Angebot und die Rolle als Gastgeber erarbeitet. Für die Diskussion über das zukünftige Angebot wurden nach dem Studium des REAL-Wellness-Modell von Ardell (2010) und aus dem Wellness-Inventory (2011) die folgenden Themenfelder abgeleitet und den Teilnehmern als Diskussionsgrundlage zur Verfügung gestellt:

- frische Luft als Energiespender,
- genussvolle und bewusste Ernährung,
- sich auf sich selbst konzentrieren,
- Sinne neu erleben,
- Spass-und Spieltrieb leben
- Körper und Geist

In lebhaften Diskussionen wurden zahlreiche Ideen für die Angebotsentwicklung und das persönliche Handeln im jeweiligen Betrieb erarbeitet, die in den folgenden beiden Kapiteln vorgestellt werden.

4.2 Ideen zur Angebotsgestaltung

Frische Luft als Energiespender

Mit Wildbeobachtungen, Sonnenauf- und untergangs-Wanderungen, Nachtwanderungen mit Besichtigung des Sternenhimmels, Schiffsfahrten, Themen- und Erlebniswegen und Atemgymnastik werden die Gäste an die frische Luft gelockt. Kraftorte dienen als Energietankstelle, zur Förderung der Konzentration auf sich selber und als Motivation zur Naturentdeckung.

Genussvolle und bewusste Ernährung

Eine genussvolle und bewusste Ernährung bildet einen wichtigen Baustein für ein ganzheitliches Wellnesspaket. Hierzu wurden Ideen erarbeitet wie eine Fastenwoche, Degustationen, Kochkurse mit Einblick in den Gemüsegarten und hinter die Kulissen der Küche sowie Ernährungsschulungen oder Expertenvorträge, um ein Hintergrundwissen über Ernährung und Kochen zu vermitteln. Wichtig sind in diesem Punkt auch das Angebot und die Auswahl an Menüs und Kulinarik im Hotel. Es sollten diverse Formen von Intoleranzen, Allergien und Ernährungstrends sowie Individualität im Menü berücksichtigt werden. Viele Gäste legen Wert auf Marktfrische, Optik, Auswahl, unverarbeitete Lebensmittel, Regionalität und Nachhaltigkeit; sie wollen nicht auf Qualität verzichten. Am Ende des Aufenthaltes kann man den Gästen Rezepte für gesundes Kochen für zu Hause mitgeben.

Sich auf sich selbst konzentrieren

Auf sich selbst konzentrieren und loslassen können, vermindern Stress und Angst und schaffen ein Gefühl von Zeitlosigkeit. Angebote, welches ganzheitliches Wohlfühlen (Raum, Temperatur, Berührungen, Farbe, Licht, Duft, etc.), Achtsamkeit, Kunst, Natur, die vier Elemente und sechs Sinne sowie Ruhe und Gelassenheit fördern, sind hier geeignet. Konkrete Beispiele dafür sind Haki Anwendungen, Waldbaden, das Entdecken des eigenen Kraftortes, (geführte) Reittouren oder Meditationen.

Sinne neu erleben

Zur Aktivierung und zum Bewusst machen der Sinne, sind Angebotsideen entwickelt worden wie beispielsweise einen Achtsamkeitsgarten besuchen (ohne Anleitung und Plan), Outdoormassagen, einen halben Tag mit einem Mönch verbringen, kulinarische Erlebnisse wie „Dinner in the Dark", „Blind-Cooking", „Essen bei Oma" oder kochen mit allen 6 Sinnen. Hierfür werden Produkte aus dem eigenen Garten verwendet und mit einer Kräuterkunde verbunden. Abschließend kann der Gast etwas begleitend mit nach Hause nehmen, um die Erinnerung, die Erfahrung und das Bewusstsein aufrecht zu erhalten.

Spass- und Spieltrieb leben

Spass- und Spieltrieb anregen können Aktivitäten wie Reittouren, ein Gesellschaftsspieleabend ohne digitale Medien wie Telefone, Tablets, Laptops, etc., diverse Lesungen zu speziellen Thematiken, ein Seil- und Kletterpark, Paragliding, Jassen mit dem Dorfmeister und anderen Gästen sowie Krimidinner.

Körper und Geist

Eine Schwitzhütte bauen und dabei die Indianerkultur erleben, Yoga, eine Gipfelwanderung, ein Holzworkshop, Group Fitness, Personal Training, Trail-Running, Aktivitäten mit dem Gastgeber sowie aktivierende (Partner-)Massagen oder eine Thermalbank eignen sich besonders, um etwas Gutes für den Körper und Geist zu tun und diese gemeinsam in Schwung zu bringen. Zusätzlich können auch die Kultur der Region und die Umgebung des Hotels eingebunden werden.

4.3 Zukünftige Rolle als Gastgeber

Eine Studie aus dem Jahr 2014, kam zur Erkenntnis, dass sich die Gastgeberrolle nicht nur auf den Hotelier, sondern auf alle Mitarbeitenden im Hotel bezieht. Da das Gesamtpaket stimmen muss, wird nicht nur vom Hotelier erwartet, ein guter Gastgeber zu sein, sondern auch von seinen Mitarbeitenden. Das glaubwürdige, authentische Gesamtangebot als Grundlage des Erfolgs wird erst durch kompetente und zufriedene Mitarbeitende erlebbar (Lymann, 2014).

In den Diskussionen der Experten über die Rolle des Gastgebers fällt im speziellm dem Hotelier, je nach den Bedürfnissen seiner Gäste, die Rolle des Animateurs, Ideengeber, Lehrer, (Gesundheits-)Coach zu oder die Rolle als Vorbildunktion und Botschafter der Vision und Philosophie des Hauses. Auch ist es wichtig, dass der Gastgeber sich als sozial kompetent, kommunikativ, offen für Neues zeigt und mit seiner Präsenz zu spüren ist. Dazu eignen sich persönliche Kontakte wie die Begrüssung und Verabschiedung sowie Gespräche mit den Gästen. Dies gibt dem Gast das Gefühl von Wertschätzung und Respekt.

Der Gastgeber soll für seine Mitarbeitenden Visionen vertreten und als Ideengeber agieren sowie in Verhalten und Aufgabenerledigung ein Vorbild für seine Mitarbeitenden sein. Ein regelmässiger Austausch mit seinen Mitarbeitenden über ihr eigenes Wohlbefinden, den Umgang mit Gästen und der Philosophie des Hotels ist Voraussetzung, um die Individualität und Zufriedenheit des Gastes zu gewährleisten. Auch die Mitarbeitenden sollen aufgeschlossen, freundlich, nicht zu aufdringlich und aufmerksam gegenüber den Gästen sein. Sie sollen die Bedürfnisse und Ziele der Gäste bereits vor und auch während des Aufenthaltes kennen, um die bestmögliche Zufriedenheit zu garantieren.

5 Fazit

Die Gästebefragung, obwohl nicht repräsentativ, ergibt einige überraschende, aber auch einige den Erwartungen bestätigende Ergebnisse. Interessant sind die grossen Unterschiede zwischen Alltagsaktivitäten im Thema Wellness und das Verhalten in den Ferien. In den Ferien stehen Zeit in der Natur, Spa- und Wohlfühlanwendungen sowie Sport und Bewegung ganz klar im Fokus, zudem wird in Zukunft die Nachfrage nach gesunder Ernährung (+12%) und dem äusseren Wohlbefinden (+11%) sowie nach kulturellen Aktivitäten (15%) steigen.

Der Teil der Wellnessgäste, die in Zukunft Wellnessferien auf Basis des umfassenden REAL-Wellnessmodel nachfragen, nimmt von 14 auf 33% zu. Für die Anbieter heisst es ein ganzheitliches Gesamtangebot bereitzustellen; die Bedeutung der Dienstleistungen wird sich erhöhen. Es reicht nicht aus, über einen grosszügigen SPA – und Bäderbereich zu verfügen. Zudem ist es nötig, seine Gäste und deren Bedürfnisse zu kennen als Grundlage für massgeschneiderte Dienstleistungspakete. Erfolgreiche Wellnesshotels basieren auch in Zukunft auf einem glaubwürdigen Angebot mit den Wurzeln in der Region und in den Kompetenzen der Mitarbeitenden.

In den Fokus-Gruppen wurden zahlreiche Ideen für die zukünftige Angebotsgestaltung entwickelt. Welche konkreten Beispiele sich zur Umsetzung bei welchem Hotel, Kurhaus oder Ort eignen, hängt von der Positionierung ab, von den regionalen Ressourcen und von den vorhandenen Fähigkeiten. Generell kann festgehalten werden, dass immer mehr Wert auf die Regionalität und das Nützen der Landschaft, der Natur und der frischen Luft für Wellnessaktivitäten Wert gelegt wird.

Ausserdem ergaben die Diskussionen der Fokus-Gruppen, dass der Gastgeber je nach den Bedürfnissen seiner Gäste die Rolle des Animateurs, Ideengeber Lehrer oder (Gesundheits-)Coach einnehmen soll. Der Gastgeber und seine Vision müssen für den Gast, aber auch für die Mitarbeitenden zu spüren sein. Um ein glaubwürdiges Angebot zu generieren, müssen die Mitarbeitenden die Wellness-Philosophie des Gastgebers kennen und mittragen.

Literaturverzeichnis
Ardell, D.B. (1977). High Level Wellness. An Alternative To Doctors, Drugs and Disaease. Rodale Press, Incorportaed.
Ardell, D.B. (2010). *REAL wellness: It's what's new in wellness today*. Create Space Independent Publishing Platform.
beauty24 & Wellness-Hotels & Resorts. (2016). *Die Wellness-Trends 2016*. Download vom 28.08.2017, von https://media.wellnesshotels-resorts.de/media/docs/wellness-trends_2016_grafiken.pdf
Berg, W. (2008). Gesundheitstourismus und Wellnesstourismus. München: Oldenbourg Wissenschaftsverlag GmbH.

Bundesamt für Gesundheit. (2013). *Die gesundheitspolitischen Prioritäten des Bundesrates.Gesundheit 2020.* Download am 16.02.2017 von https://www.bag.admin.ch/bag/de/home/themen/strategienpolitik/gesundheit-2020/eine-umfassende-strategie-fuer-das-gesundheitswesen.html

Bundesministerium für Wirtschaft und Technologie. (2011). *Leitfaden Innovativer Gesundheitstourismus in Deutschland.*

Global Wellness Institute. (2014). The Global Wellness Tourism Economy.

Global Wellness Institute. (2017). Global Wellness Economy Monitor, January 2017.

Global Wellness Summit. (2016). *Wellness Trends for 2017 - and Beyond.* Download am 28.08.2017, von http://www.globalwellnesssummit.com/wp-content/uploads/2017/02/8WellnessTrends_2017_with-hiresimages_v5FINAL_web.pdf

Hertel, L. (2016). *Tiroler Wellnesskongress 2016: Reboot Wellness.* Download am 17.08.2017, von https://www.standort-tirol.at/data.cfm?vpath=ma-wartbare-inhalte/downloads-neu/vortraege3/sat_well_wellness-kongress-2016_vortrag-1_lutz-hertel_reboot-wellness

Hösch, M. (2017). Ganzheitliches Wellness. Ein Nachhaltiges Geschäftsmodell für die Wellnesshotellerie der Zukunft? Falkensteiner Balance Resort Stegersbach: Tiroler Wellnesskongress 2017.

Lanz Kaufmann, E. & Stettler, J. (2009). Bedeutung und Entwicklungsperspektiven des Gesundheits- und Wellnesstourismus in der Schweiz. ITW Institut für Tourismuswirtschaft Luzern.

Lymann, R. (2014). Erfolgskriterien für Wellnesshotels. ITB Berlin. Expert Forum Wellness 2013. Download am 26.05.2017, von http://www.itb-kongress.de/media/itbk/itbk_archiv_2013/ITB_Experts_Forum_Wellness/Erfolgskriterien_fuer_Wellnesshotels.pdf

Reuber, P., & Schnell, P. (2005). Postmoderne Freizeitstile und Freizeiträume, Neue Angebote im Tourismus. Berlin: Erich Schmid Verlag.

Stettler, J. (2004). UNIVOX-Bericht "Freizeit" 2004: Freizeitbeschäftigungen, -interessen, und touristische Bedeutung von Wellness, UNIVOX-Bericht (GfS/FIF), Bern 2004.

The Economist. (2017). *Gesund sein ist der neue Luxus.* Download am 28.08.2017, von http://rethinkinglongevity.eiu.com/good-health-is-the-new-luxury/

Wellness-Inventory (2011). *The whole-person solution for personal and professional wellbeing.* Download am 26.08.2017, von http://www.wellpeople.com/

„Keep Up The Good Work"? – Eine kritische Anwendung der Importance-Performance-Analyse zur Steigerung der touristischen Wettbewerbsfähigkeit am Beispiel der Lenzerheide

Florian Kreß, Julia Angermann, Alexander Bauer,
Severin Baumgartl, Robert Steiger und Bruno Abegg

Abstract

Angesichts des starken Schweizer Frankens und der zunehmenden Konkurrenz in einem globalisierten Marktumfeld stellt die Sicherung der Wettbewerbsfähigkeit eine enorme Herausforderung für viele Tourismusdestinationen des Schweizer Alpenraums dar. In der vorliegenden Studie wird am Beispiel der Lenzerheide (Graubünden) eine modifizierte Importance-Performance-Analyse (IPA) durchgeführt. Neben der Präsentation der Ergebnisse liegt der Schwerpunkt des Artikels auf einer kritischen Auseinandersetzung mit der angewendeten Methode. Die IPA kann trotz Einschränkungen als Evaluierungstool herangezogen werden, wird aber nicht für das Ableiten von Handlungsempfehlungen als geeignet angesehen.

Keywords: Alpiner Tourismus, Wettbewerbsfähigkeit, Importance-Performance-Analyse, Lenzerheide

1   Einleitung

„Wir sind mindestens genauso gut und können trotzdem nicht mit den anderen konkurrieren!" Dieses Zitat von Claudia Züllig, Hotelbesitzerin auf der Lenzerheide, bringt die aktuelle Problemlage der Berghotellerie sowie allgemein der Tourismusbranche im Schweizer Alpenraum treffend auf den Punkt. Gemeint ist natürlich der ungünstige Wechselkurs zwischen Schweizer Franken und Euro, der die Nachfrage von Nicht-SchweizerInnen deutlich hat zurückgehen lassen. Graubünden ist von der aktuellen Krise durch die hohe Bedeutung des Tourismussektors, der mit zirka 30 % einen erheblichen Anteil an der kantonalen Wirtschaftsleistung ausmacht, besonders betroffen (Kronthaler & Cartwright 2008). Der schwächelnde Tourismus ist in Graubünden an sich kein neues Problem, wenn man bedenkt, dass die Logiernächte in den letzten 20 Jahren um 1,4 Mio. (- 20 %) zurückgingen (Plaz & Schmid 2015). Zu der negativen Entwicklung trägt ausserdem der Umstand bei, dass Graubünden im Gegensatz zu anderen Schweizer Regionen bisher kaum von der stark wachsenden Nachfrage aus dem asiatischen Raum profitieren konnte (Plaz, Schmid & Bösch 2015). Zukünftige Herausforderungen für den Tourismus im Kanton, wie auch für alpine Destinationen im Allgemeinen, zeichnen sich in folgenden Trends ab (Plaz & Schmid 2014; Plaz & Schmid 2015; Plaz, Schmid & Bösch 2015):

- Wachsende Zahl an Konkurrenten am globalisierten Markt aufgrund sinkender Reise- und Transportkosten
- Trend zu kürzerer Aufenthaltsdauer, vor allem im Sommer
- Demographisch bedingte Stagnation/Rückgang der SkifahrerInnen
- Abnehmende Schneesicherheit durch globale Erwärmung

Angesichts dieser Aspekte stellt der Erhalt bzw. die Steigerung der Wettbewerbs-fähigkeit eine anspruchsvolle Aufgabe für die Destinationen dar. Als ein mögliches Instrument kann dabei die Importance-Performance-Analyse dienen, mit der die eigene Wettbewerbsfähigkeit systematisch erfasst wird und anhand derer Handlungsstrategien abgeleitet werden sollen (Azzopardi & Nash 2013). Angelehnt an den Ansatz von Enright und Newton (2004) wird in der vorliegenden Studie eine Importance-Performance-Analyse für die Lenzerheide durchgeführt. Der Fokus des Artikels liegt neben der Ergebnispräsentation auf der kritischen Auseinander-setzung mit der Aussagekraft der Methode und der Frage, inwieweit aus der Erhebung Handlungsempfehlungen zur Steigerung der Wettbewerbsfähigkeit gezogen werden können, wie es das ursprüngliche Verfahren vorsieht (vgl. Martilla & James 1977).

2 Untersuchungsgebiet

Die angesprochenen Herausforderungen bringen viele Veränderungen für die lokalen Tourismusdestinationen mit sich. Auch die Lenzerheide befindet sich in einer Phase des Umbruchs. 2013/2014 konnte der lange geplante und umstrittene Zusammenschluss der Skigebiete Arosa und Lenzerheide verwirklicht werden. Neben den rein infrastrukturellen Veränderungen streben die beiden Destinationen in Zukunft ein gemeinsames Marketing an.

Die Destination Lenzerheide erstreckt sich von Malix bis ins Albulatal und umfasst die Gemeinden Churwalden, Vaz/Obervaz, Lantsch/Lenz und Alvra/Albula. Auch auf der Lenzerheide hat man mit einem Rückgang der Hotellerie-Logiernächte zu kämpfen, dieser fiel jedoch deutlich geringer aus als im Grossteil der anderen Bündner Destinationen. Im Vergleich zum Mittel der Jahre 2005 - 2015 gingen die Nächtigungszahlen im Tourismusjahr 2015/16 (Bundesamt für Statistik 2017) um 3,3 % zurück. Im selben Zeitraum verloren regionale Konkurrenten wie das Engadin - St. Moritz 15,7 %, Davos Klosters 12,5 % und Flims-Laax-Falera 16,2 % ihrer Hotellerie-Logiernächte (gesamter Kanton Graubünden: 15,5 %). Betrachtet man die saisonale Entwicklung auf der Lenzerheide ergibt sich im Winter ein Rückgang von 6,3 %, im Sommer jedoch ein Zuwachs von 1,3 % (Vergleich der Hotellerie-Logiernächte der Wintersaison 2015/16 bzw. der Sommersaison 2016 zum Mittel der Jahre 2005 - 2015).

Die Erhebung der vorliegenden Studie fand in den Ortschaften Churwalden, Parpan, Valbella, Lenzerheide und Lantsch/Lenz, die die touristischen Zentren der Destination darstellen, statt.

3   Methode

Im (wirtschaftlichen) Wettbewerb geht es für die Teilnehmenden allgemein darum, „die relativ beste Leistung im Hinblick auf ein bestimmtes Ziel zu erreichen" (Brockhaus Enzyklopädie Online 2017). Aus der Definition geht hervor, dass die Wettbewerbsfähigkeit der betrachteten Einheit immer im Verhältnis zur Konkurrenz beurteilt werden muss. Scott und Lodge (1985, zitiert nach Crouch & Ritchie 1999) heben darüber hinaus die Multidimensionalität des Begriffs hervor, weil die letztendliche Leistung üblicherweise aus dem Abschneiden in mehreren wichtigen Teilaspekten hervorgeht. Der Tourismus zeichnet sich durch eine besondere Komplexität aus, da eine Vielzahl von AkteurInnen für das touristische Produkt als Gesamterlebnis verantwortlich ist. In der Wissenschaft wurden verschiedene Versuche unternommen, die entscheidenden Komponenten der touristischen Wettbewerbsfähigkeit zu identifizieren (Azzopardi & Nash 2013). Das wohl verbreitetste Modell wurde von Crouch und Ritchie (1999, auch Ritchie & Crouch 2010) entwickelt. Diese erweitern tourismuswissenschaftliche Ansätze, die sich in der Regel auf Aspekte wie Attraktivität und Image beschränken, um typisch betriebswirtschaftliche Faktoren und versuchen damit einen ganzheitlichen Zugang zur Wettbewerbsfähigkeit zu finden (Enright & Newton 2004). Dabei greifen sie das von Porter (1990) verbreitete Verständnis auf, wonach die Wettbewerbsfähigkeit nicht nur von der Faktorausstattung abhängt (komparativer Vorteil), sondern auch von der Fähigkeit, diese effektiv für sich zu nutzen (Wettbewerbsvorteil). Im Hinblick auf den Tourismus kann unter Faktorausstattung die Attraktivität natürlicher oder geschaffener Strukturen verstanden werden. Ein strategisches Destinationsmanagement sorgt dagegen für eine erfolgreiche Inwertsetzung, mit Rücksicht auf das lokale Sach- und Humankapital sowie die gesellschaftlichen Rahmenbedingungen (vgl. Crouch & Ritchie 1999; Ritchie & Crouch 2010).

Als wettbewerbsfähig soll allgemein eine Destination gelten, die sich unter Berücksichtigung der genannten Komponenten effektiv und profitabel auf dem touristischen Markt behaupten kann (Goeldner & Ritchie 2003).

Während das Modell von Crouch und Ritchie als konzeptionelle Grundlage dient, orientiert sich das methodische Vorgehen an Enright und Newton (2004). Zur Analyse der Wettbewerbsfähigkeit greifen jene auf das Instrument der Importance-Performance-Analyse (IPA) zurück, da diese nicht nur zu Evaluierungszwecken, sondern auch zur Planung zukünftiger Handlungen eingesetzt werden kann. Dabei werden TouristikerInnen aufgefordert, ausgewählte Merkmale nach ihrer Bedeutung (Importance) und nach der relativen Leistung der Destination (Performance) zu bewerten, um die Wettbewerbsfähigkeit zu erfassen und nachfolgend auf zukünftige Ressourcenzuteilungen schliessen zu können (Enright

& Newton 2004). Die IPA stammt ursprünglich aus der Marketingforschung (vgl. Martilla und James 1977) und findet aufgrund der Einfachheit und des geringen Aufwands, sowie der klaren Darstellung der Ergebnisse weite Verbreitung in unterschiedlichen Wissenschaftsrichtungen (Oh 2001).

Gegenüber der gängigen Durchführung der IPA wurden gemäss dem Ansatz von Enright und Newton (2004) zwei grundlegende Änderungen vorgenommen.

Aufgrund der gleichzeitigen Berücksichtigung von betriebswirtschaftlichen Aspekten und der touristischen Anziehungskraft konzentriert sich die Befragung nicht wie in früheren Untersuchungen auf Urlaubsgäste, sondern wie bereits erwähnt auf TouristikerInnen. In der vorliegenden Studie konnten 47 Personen des Beherbergungsgewerbes, aus den örtlichen Tourismusvereinen, der Seilbahnbetriebe, der Gastronomie, des tourismusorientierten Einzelhandels (z. B. Sportgeschäfte, Ski-/Bikeschule) und der lokalen Politik befragt werden.

Weiterhin erfolgte die Bewertung der Performance nicht wie üblich absolut, sondern relativ. Daher wurden die Stakeholder zu Beginn der Befragung gebeten, die drei Hauptkonkurrenten der Lenzerheide zu nennen und die Performance-Bewertung im Vergleich zu diesen zu tätigen (vgl. Enright & Newton 2004).

Der konkrete Ablauf der IPA kann in drei Schritte unterteilt werden. In einem ersten Schritt wurden 29 Wettbewerbsfaktoren unter Berücksichtigung des Konzepts von Crouch und Ritchie (1999; erweitert in Ritchie & Crouch 2010) ausgewählt (siehe Abb. 2), die mit Blick auf das Umfeld von alpinen Skidestinationen als am relevantesten erachtet wurden. Wichtige Faktoren, die nur durch geringe Abweichungen zwischen den Destinationen im Alpenraum gekennzeichnet sind (z. B. Sicherheit), wurden nicht berücksichtigt.

Zur Bewertung wurden im zweiten Schritt die identifizierten Wettbewerbsfaktoren in einem Fragebogen zusammengefasst, wobei für die Antwortmöglichkeiten jeweils eine fünfstufige, bidirektionale Skalierung verwendet wurde. Die Bewertung der Importance und Performance fand getrennt statt, um eine gegenseitige Beeinflussung zu vermeiden (vgl. Martilla & James 1977). Die Erhebung der Importance erfolgte per E-Mail, während die Beurteilung der Performance im Zuge von Interviews stattfand. Aus diesen erhielten die AutorInnen vertiefte Einblicke in die Wahrnehmung der Befragten und in die Strukturen vor Ort.

In der Auswertung der Daten in einem dritten Schritt wurden zunächst die Mittelwerte der bewerteten Wettbewerbsfaktoren gebildet, jeweils für die Importance und die Performance, und in einem Koordinatensystem aufgetragen (vgl. Martilla & James 1977; Oh 2001). Die vier Quadranten werden in der IPA gängigerweise wie folgt interpretiert (siehe Abb.1) und sollen somit Empfehlungen für die zukünftige Zuteilung verfügbarer Ressourcen geben (Martilla & James 1977; Azzopardi & Nash 2013):

Quadrant A: «concentrate here»
Diese Schwächen gefährden die Wettbewerbsfähigkeit und sollten vorrangig beseitigt werden.

Quadrant B: «keep up the good work»
Diese Stärken sollen erhalten oder ausgebaut werden.

Quadrant C: «low priority»
Diese Schwächen sind vernachlässigbar.

Quadrant D: «possible overkill»
Der Ressourcenaufwand für diese Faktoren soll verringert und Kapazitäten wichtigeren Aspekten zugeteilt werden.

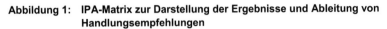

Abbildung 1: IPA-Matrix zur Darstellung der Ergebnisse und Ableitung von Handlungsempfehlungen

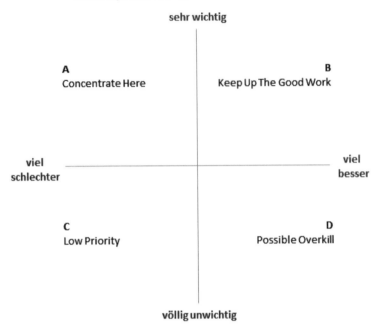

sehr wichtig

A
Concentrate Here

B
Keep Up The Good Work

viel
schlechter

viel
besser

C
Low Priority

D
Possible Overkill

völlig unwichtig

Quelle: verändert nach Martilla und James (1977)

Ein wesentlicher Punkt bei der Erstellung der IPA-Matrix stellt die Wahl des Achsenschnittpunkts dar, wobei die Verwendung eines datenzentrierten oder eines skalenzentrierten Schnittpunktes am geläufigsten ist (vgl. Oh 2001; Azzopardi & Nash 2013). Für die vorliegende Studie wurde ein kombinierter Ansatz entwickelt. Hinsichtlich der Importance wurde der Schnittpunkt zur besseren Differenzierung an den Mittelwert der Daten angepasst (datenzentriert), da nahezu allen Faktoren eine hohe bis sehr hohe Bedeutung beigemessen wurde (ceiling effect, vgl. Oh 2001). Im Fall der Performance orientiert sich der Achsenmittelpunkt dagegen an der Antwortskalierung (3 = gleichwertig), da so die massgebliche Information, ob die betrachtete Destination in einem Faktor besser oder schlechter als die Hauptkonkurrenz abschneidet, erhalten bleibt. Aufgrund der - im Gegensatz zu den meisten anderen Studien - relativen Performance-Bewertung sehen die AutorInnen die neuartige Anordnung des Achsenschnittpunkts gerechtfertigt.

4 Ergebnisse

Die Ergebnisse der IPA sind in Abbildung 2 dargestellt. Die Interpretation der IPA-Matrix soll anhand eines Lesebeispiels verdeutlicht werden. Die Wichtigkeit des Faktors Nachfrage aus dem Inland (21) wird von den lokalen Stakeholdern als sehr hoch eingestuft. Im Vergleich zu ihren Hauptkonkurrenten beurteilten sie die Performance der Lenzerheide als gleichwertig bis besser.

Abbildung 2: **IPA-Matrix der Destination Lenzerheide mit den ausgewählten Wettbewerbsfaktoren**

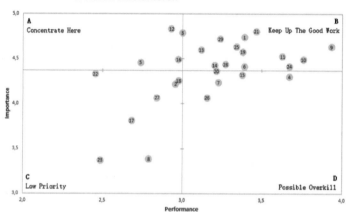

(1)	Attraktive Landschaft	(16)	Politischer Rückhalt
(2)	Attraktives Ortsbild	(17)	Finanzielle Unterstützung der Politik
(3)	Schneesicherheit	(18)	Regionalität
(4)	Grösse des Skigebiets	(19)	Schlagkräftige Marketingorganisation
(5)	Vielfältiges Beherbergungsangebot	(20)	Kooperation zwischen Touristischen Anbietern
(6)	Breite Palette an touristischen Aktivitäten	(21)	Nachfrage aus dem Inland
(7)	Einzigartige Attraktionen (USPs)	(22)	Nachfrage von europäischen Touristen
(8)	Lebendiges Brauchtum / Reiches Kulturerbe	(23)	Erschließung neuer außereuropäischer Zielmärkte
(9)	Spezielle Veranstaltungen (inklusive Grossevents)	(24)	Tagesgäste
(10)	Gute Erreichbarkeit (PKW)	(25)	Klare Positionierung
(11)	Gute Erreichbarkeit (ÖPNV)	(26)	Ausgewogenes Verhältnis Sommer- / Wintertourismus
(12)	Gastfreundschaft	(27)	Gut ausgebildete regionale Fachkräfte
(13)	Positive Haltung der Bevölkerung	(28)	Preis-Leistungs-Verhältnis
(14)	Innovative Unternehmerpersönlichkeiten	(29)	Image
(15)	Bergbahnen als treibende Kraft		

Quelle: eigene Erhebung (2016)

Im Anhang sind die Mittelwerte der einzelnen Faktoren, die entsprechenden Varianzkoeffizienten sowie die Standardfehler des 95%-Konfidenzintervalls tabellarisch gelistet. Letztere betragen für Importance und Performance etwa ± 0,2, weswegen nicht auszuschliessen ist, dass einige Faktoren in anderen Quadranten zu liegen kommen könnten. Diese statistische Unsicherheit ergibt sich aus der niedrigen Zahl an Befragten, wohingegen sich die Varianz im Rahmen ähnlicher Studien bewegt (vgl. Enright & Newton 2004; Dinter et al. 2016). Da ein Grossteil der Stakeholder auf der Lenzerheide befragt werden konnte (angestrebte Vollerhebung), werden die erhaltenen Werte als aussagekräftiger Querschnitt gedeutet.

Die Spannweite der Importance-Werte reicht von 3,4 (Faktor 23 Erschliessung aussereuropäischer Zielmärkte) bis hin zu 4,8 (Faktor 12 Gastfreundschaft). Das Minimum der Performance-Werte liegt bei 2,5 (Faktor 22 Nachfrage von europäischen Touristen), das Maximum bei 3,9 (Faktor 9 Spezielle Veranstaltungen inkl. Grossevents). Die Stakeholder beurteilten die Performance der Destination Lenzerheide in 18 Faktoren besser im Vergleich zu ihren Konkurrenten, in einem Faktor gleich und in zehn Faktoren schlechter.

Am häufigsten als Hauptkonkurrenten genannt wurden, in absteigender Reihenfolge: Davos (24 Nennungen), Flims-Laax-Falera (21 Nennungen) und St. Moritz (12 Nennungen). Darüber hinaus wurden Konkurrenten genannt, welche aufgrund ihrer Grösse bzw. Dimension nicht für einen Vergleich mit der Lenzerheide herangezogen werden können (z. B. Plätze 4-6: Tirol, Südtirol und Österreich).

Im Folgenden werden die Ergebnisse der IPA am Beispiel einzelner Faktoren in einen destinationsspezifischen Zusammenhang gestellt.

Aus der Befragung geht hervor, dass die Stakeholder eine klare, konsistente Positionierung (Faktor 25, eng verknüpft mit 19) als sehr wichtig erachten. Die bessere Wettbewerbsposition der Destination in diesem Aspekt gegenüber ihren regionalen Hauptkonkurrenten ist, wie aus den Interviews hervorging, unter anderem der Fokussierung auf den alpinen Skilauf im Winter sowie Mountainbiken im Sommer und der Ausrichtung von Gross-Events geschuldet. Neben den Hauptschwerpunkten werden die Bereiche Wandern bzw. Nordic sowie Kultur und Lifestyle zur Diversifizierung beworben (vgl. Lenzerheide Marketing und Support AG o.J.a).

Die besondere Bedeutung von Gross-Events (9) für die Lenzerheide wurde bereits angesprochen und spiegelt sich sowohl in der Entwicklung der letzten Jahre als auch der zukünftigen Marketingstrategie wider. Laut Internetauftritt der Destination finden nicht weniger als zehn Top Events (z. B. UCI Mountain Bike World Cup, Lenzerheide Zauberwald, Audi FIS Ski Weltcup) statt (Lenzerheide Marketing und

Support AG o.J.b). Mit dem Projekt der Biathlonarena Lenzerheide will man sich als Gastgeber von Wettkämpfen (z. B. Biathlon-Weltcup) zusätzlich im Bereich Langlauf/Nordic etablieren und somit die Bekanntheit und Wettbewerbsposition der Lenzerheide weiter steigern (vgl. Freyer 2005).

Plaz und Schmid (2015) sehen das Wachstum aussereuropäischer Quellmärkte, vor allem solcher in Asien und Südamerika, als grosses Potenzial für die Bündner Sommersaison. Deshalb ist es überraschend, dass diesem Wettbewerbsfaktor (23) von den TouristikerInnen der Lenzerheide eine eher geringe Bedeutung zugemessen wurde. Es stellt sich die Frage, ob diese Wertung vielleicht eher von Desinteresse oder Ablehnung als von marktstrategischen Überlegungen geprägt ist. Besonders von Seiten asiatischer Märkte sind nachfrageseitig Impulse vorhanden. Die Erschliessung dieses Potentials ist hauptsächlich an Angebote gekoppelt, die im internationalen Wettbewerb präsent sind. Chancen für die Lenzerheide können am ehesten in der Inwertsetzung der regionalen Alpkultur, der Vermarktung von authentischen Ortschaften, Naturmonumenten oder Souvenir-shopping gesehen werden (vgl. Plaz & Schmid 2015).

Nach Einschätzung der ExpertInnen ist Gastfreundschaft (12) der wichtigste Faktor für die langfristige Wettbewerbsfähigkeit ihrer Destination. Die eigene Performance wurde tendenziell schlechter als die der Konkurrenten eingeschätzt. In diesem Zusammenhang verwiesen die ExpertInnen oft mit den Worten „Da sind die anderen besser" auf Tirol und Südtirol. Dies greift nach Meinung der AutorInnen zu kurz, da auch die Erwartungshaltung der Gäste (höhere Erwartungen bei einem relativ höheren Preisniveau) beim Thema Gastfreundschaft miteinbezogen werden muss (Plaz & Schmid 2015.). Viele SchweizerInnen machen die vermeintlich fehlende Gastfreundschaft hauptverantwortlich für den Rückgang der Logiernächte in den letzten Jahren (vgl. auch ebd.). Es ist durchaus denkbar, dass diese Ansicht auch einen gewissen Einfluss auf die Importance-Bewertung der Stakeholder ausgeübt hat. Durch Personalschulungen und Sensibilisierung wird versucht, sich in diesem Bereich zu steigern, um TouristInnen in der Destination zu halten. Es muss jedoch angezweifelt werden, ob alleine vermeintlich mangelnde Freundlich-keit zur Schweizer Krise geführt hat.

5 Diskussion

Ein Blick auf die IPA-Matrix (Abb. 2) lässt auf eindeutige Handlungsempfehlungen schliessen. Durch die scharfe Trennung der Quadranten scheint klar, mit welcher Priorität die jeweiligen Faktoren behandelt werden sollten. Eine strikte Anwendung der quadrantenbasierten Handlungsempfehlungen wird nachfolgend kritisch diskutiert. Entsprechend des Ablaufs der IPA wird zunächst auf Einschränkungen bei der Auswahl und Aussagekraft der Wettbewerbsfaktoren sowie hinsichtlich der Validität der Befragungsergebnisse eingegangen.

Die Qualität der Erkenntnisse, die aus der IPA gezogen werden können, hängt im Wesentlichen von den berücksichtigten Wettbewerbsfaktoren ab. Eine umfassende Erhebung wird generell zum einen dadurch eingeschränkt, dass die Auswahl in einem für die Befragten zumutbaren Umfang gehalten werden muss. Zum anderen spielt die Erfassbarkeit eine Rolle. So kann die Beurteilung einiger Faktoren aus dem Konzept von Ritchie und Crouch (2010) nur von einem kleinen Kreis der Stakeholder vorgenommen werden, beispielsweise wenn es um Angelegenheiten des Destinationsmanagements geht (Monitoring und Evaluation von Strategien usw.).

Aus Sicht der AutorInnen wäre eine unidirektionale der bidirektionalen Skalierung der Importance-Bewertung aus sachlogischen Gründen vorzuziehen (vgl. Oh 2001). Ausserdem kann vermutet werden, dass eine bidirektionale Skalierung der Importance zu einer geringeren Differenzierung führt, da sowohl in der vorliegenden Studie als auch bei Enright und Newton (2004) allen Faktoren eine Bedeutung oberhalb der Mittelposition („neutral") beigemessen wurde. Umfragen mit unidirektionaler Skalierung weisen dagegen tendenziell eine grössere Spannweite auf (vgl. Martilla & James 1977; Hudson 1998). Eine Kombination der Achsenskalierung – unidirektionale Importance und bidirektionale Performance – könnte daher eine geeignete Alternative darstellen.

In der Importance-Bewertung wird die Bedeutung der einzelnen Faktoren für die zukünftige Wettbewerbsfähigkeit der Destination erhoben. Dabei muss berücksichtigt werden, dass die Beurteilung der lokalen TouristikerInnen eine destinationseigene, angebotsseitige Perspektive darstellt. Aspekte, die sich auf die Importance-Bewertung auswirken, sollen im Folgenden diskutiert werden.

Zum einen gibt es Rahmenbedingungen, auf die die Destination und ihre Stakeholder keinen Einfluss haben. Durch den starken Schweizer Franken besitzt die Lenzerheide im globalen Markt eine ungünstige Ausgangsposition, um TouristInnen aus europäischen, beziehungsweise teils auch aus aussereuropäischen, Quellmärkten zu gewinnen. Die hohe Bedeutung des Inlandstourismus (21) im Gegensatz zur vergleichsweise geringen Bedeutung von europäischen Märkten (22) kann daher als eine Reaktion auf die aktuellen Rahmenbedingungen gesehen werden.

Zum anderen kann angenommen werden, dass Faktoren, in denen die Destination schlecht abschneidet – sei es aufgrund einer unterdurchschnittlichen Faktorausstattung (z. B. Gut ausgebildete regionale Fachkräfte) oder einer unzureichenden Inwertsetzung (z. B. Reiches Kulturerbe / Lebendiges Brauchtum) –, mit einer niedrigen Importance bewertet werden. In einer destinationsübergreifenden Studie stuft Crouch (2011) Kultur hingegen als besonders wichtig für die Wettbewerbsfähigkeit ein. Obgleich die Importance zuerst abgefragt wird, kann vermutet werden, dass sich die Stakeholder ihrer Performance bewusst sind und diese bereits in die Importance-Bewertung einfliesst. Eine Abhängigkeit legt auch die Korrelation von r = 0,51 nahe.

Anhand der Performance wird die Wettbewerbsfähigkeit einer Destination in Relation zur Konkurrenz gestellt. In der Darstellung der Ergebnisse wird deutlich, dass sich die Bewertungen der Stakeholder mit dem Lokalaugenschein der Autor-Innen und zusätzlich herangezogenen Informationen im Wesentlichen decken. Allerdings sind bei der Validität der Performance-Einschätzung einige Einschränkungen zu beachten.

Da die Performance rein qualitativ ermittelt wird, hängt ihre Validität ausschliesslich von der Fähigkeit der interviewten Stakeholder ab, einen Vergleich zwischen der eigenen Destination und der Konkurrenz ziehen zu können. Problematisch dabei ist, dass das Wissen der lokalen Stakeholder über konkurrierende Destinationen bei Faktoren wie Kooperation zwischen Touristischen Anbietern (20) oder Positive Haltung der Bevölkerung (13) an ihre Grenzen stösst.

Eine weitere Einschränkung besteht in der fehlenden Objektivität der Performance-Bewertung. Enright und Newton (2004) schlagen vor, die Sicht der Interviewten um unabhängige Informationen zu ergänzen. Touristische und ökonomische Informationen, wie Nächtigungsziffern, Umsatzbilanzen und Investitionen, können eine sinnvolle Erweiterung der IPA darstellen. Vor allem bei schwierig einzuschätzenden und vergleichsweise leicht quantifizierbaren Faktoren wie Schneesicherheit ist es naheliegend, ergänzende Quellen heranzuziehen.

Die Verwendung der IPA als Planungstool muss einerseits aus technischer und andererseits aus inhaltlicher Perspektive kritisch betrachtet werden.

Die Wahl des Achsenschnittpunktes ist von zentraler Bedeutung, da sich stark abweichende Erkenntnisse ergeben, je nachdem, ob ein skalen- oder ein datenzentrierter Ansatz verfolgt wird (Oh 2001). Ungeachtet der Lage des Schnittpunktes kommt die Frage auf, wie achsennahe (z. B. 18) oder direkt auf den Achsen liegende Faktoren (3) zu interpretieren beziehungsweise wie valide diese Interpretationen sind. In diesem Zusammenhang muss nochmal auf den Standardfehler verwiesen werden (siehe Kap. 4). Bereits kleine Änderungen der Position können erhebliche Auswirkungen auf die zugewiesenen Handlungsempfehlungen haben (Azzopardi & Nash 2013). Ein weiteres Problem der Matrix ist, dass Faktoren, die im selben Quadranten liegen, trotz grosser Entfernung gleich (z. B. 23 und 18), während zueinander relativ nahe Faktoren in verschiedenen Quadranten (z. B. 6 und 15) unterschiedlich behandelt werden (Azzopardi & Nash 2013).

Die Bezeichnung der Quadranten wie Keep Up The Good Work oder Concentrate Here deutet auf eindeutige Empfehlungen im Hinblick auf die Ressourcenzuwendung der einzelnen Faktoren hin. Die Komplexität der Faktoren, die sich aufgrund ihrer spezifischen Eigenschaften ergibt, steht einer pauschalen Handlungsanleitung entgegen (Azzopardi & Nash 2013). Es muss berücksichtigt werden, inwieweit die Faktoren beeinflussbar sind und welche Höhe bzw. welche Art des Aufwands zur Veränderung nötig ist. Demnach ist beispielsweise die Verbesserung der Kooperation zwischen touristischen Anbietern (20) hauptsächlich mit einem organisatorischen Aufwand verbunden und daher weniger kostenintensiv als der weitere Ausbau des Skigebiets. Oh (2001) empfiehlt daher, sich bevorzugt auf Faktoren, deren Verbesserung organisatorischer Natur sind, zu konzentrieren, unabhängig ihrer Lage in der IPA-Matrix. Am Faktor Gastfreundschaft (12) wird allerdings deutlich, dass trotz des geringen finanziellen Aufwands eine Einflussnahme langwierig sein kann, da Verhaltens- und Denkweisen der Gastgeber und des Personals geändert werden müssten.

Besonders behutsam muss mit der Interpretation von Faktoren umgegangen werden, die in der IPA-Matrix unterhalb der x-Achse liegen (vgl. auch Hudson & Shephard 1998). Zum einen weisen diese teils hohe absolute Importance-Werte auf und sind damit nicht vernachlässigbar. Zum anderen kann gerade das Bestreben, die Erwartungen der BesucherInnen zu übertreffen bei Faktoren, die sich auf Attraktivität beziehen, sinnvoll sein. Denn gerade übertroffene Erwartungen tragen zur Gästezufriedenheit bei, sollten in kostengünstigen Bereichen angestrebt werden und müssen nicht, wie die IPA suggeriert, einen Possible Overkill darstellen (Oh 2001).

Zusammenfassend kann die IPA in erster Linie als einfaches, solides Evaluierungstool bestehender Stärken und Schwächen gesehen und angewandt werden, wobei die Besonderheiten einer destinationsinternen, qualitativen Erhebung berücksichtigt werden müssen. Die quadrantenbasierten Handlungsempfehlungen sind dagegen aufgrund der unterschiedlichen Eigenschaften der Faktoren für Planungszwecke weniger geeignet. Allerdings können die aus der IPA gewonnenen Informationen, unterstützt von weiteren Abwägungen (z.B. Art und Höhe des Aufwands), als sinnvolle Entscheidungshilfe dienen.

6   Fazit

Mit Hilfe der IPA wurde in der vorliegenden Studie die Wettbewerbsfähigkeit der Lenzerheide untersucht. Konzeptionell fand dabei das Modell der Wettbewerbsfähigkeit von Crouch und Ritchie (1999) Anwendung. Entsprechend des Ansatzes von Enright und Newton (2004) wurde die Performance-Bewertung durch die Berücksichtigung der unmittelbaren Konkurrenten in das Wettbewerbsumfeld eingebettet. Für die IPA-Matrix wurde ein neuartiger Ansatz entwickelt, der einerseits die relative Darstellung der Performance-Erhebung berücksichtigt und andererseits eine optimale Differenzierung der Importance-Bewertung erlaubt.

Mit Blick auf die kritische Diskussion der IPA-Anwendung werden folgende Aspekte als sinnvoll erachtet, um die Aussagekraft künftiger Erhebungen zu schärfen bzw. zu verbessern:

- unidirektionale Achsenskalierung der Importance
- Importance-Bewertung um unabhängige/aussenstehende Sicht erweitern
- Performance-Bewertung mit quantitativen Informationen ergänzen (z. B. Nächtigungsziffern / Gästezahlen)

Der Einsatzbereich der IPA wird vor allem in der Evaluierung gesehen. Die Untersuchung zeigt, dass die Lenzerheide in einer überwiegenden Zahl der Faktoren besser als ihre Hauptkonkurrenten abschneidet. So können beispielsweise Stärken im Bereich von Gross-Events, der guten Erreichbarkeit sowie der Grösse des Skigebiets identifiziert werden; Schwächen werden unter anderem im Hinblick auf die Nachfrage von Nicht-SchweizerInnen sichtbar. Eindeutige Hinweise für zukünftige Strategien gehen jedoch nicht aus der IPA hervor. Nichtsdestotrotz können die Erkenntnisse in die Planung zukünftiger Aktivitäten eingebracht werden. Aufgrund der einfachen und kostengünstigen Durchführbarkeit ist die IPA vor allem für Tourismusdestinationen geeignet, die über wenig Personal und Ressourcen verfügen (Hudson und Shephard 1998). Angesichts der Tourismuskrise im Schweizer Alpenraum und der damit einhergehenden Zunahme des Konkurrenzdrucks kann die Anwendung der Methode besonders für kleine Alpendestinationen empfehlenswert sein.

Literaturverzeichnis

Abegg, B.; Steiger, R. & Walser, R. (2013): Herausforderung Klimawandel. Chancen und Risiken für den Tourismus in Graubünden. Im Auftrag von: Amt für Wirtschaft und Tourismus Graubünden, Bergbahnen Graubünden. Chur/Innsbruck.

Azzopardi, E. & Nash, R. (2013): A critical evaluation of importance-performance analysis. Tourism Management 35, 222-233.

Biathlon Arena Lenzerheide AG (o.J.): Presse Konferenz [https://lenzerheide.com/pdf/top-events/tour-de-ski/media/5_biathlon-arena-lenzerheide_presse-konferenz.pdf, Zugriff am 01.06.2017]

Brockhaus Enzyklopädie Online (2017): Wettbewerb (Wirtschaft) [https://uibkub.brockhaus.de/sites/default/files/pdfpermlink/wettbewerb-wirtschaft-f6c0f3ac.pdf, Zugriff: 4.5.2017].

Bundesamt für Statistik (2017): HESTA - Hotel- und Kurbetriebe nach Bündner Destinationen: Logiernächte nach Kalender- und Tourismusjahr, Winter- und Sommersaison. [https://www.gr.ch/DE/institutionen/verwaltung/dvs/awt/Dokumente/Hotel-_und_Kurbetriebe_Nachfrage_nach_Destinationen_in_Graubuenden_2005-2016.xls, Zugriff am 01.06.2017].

Crouch, G. I. (2011): Destination Competitiveness: An Analysis of Determinant Attributes. Journal of Travel Research 50 (1), 27-45.

Crouch, G. I. & Ritchie, J. R. B. (1999): Tourism, competitiveness and social prosperity. Journal of Business Research 44, 137–152.

Dinter, J.; Färber, V.; Kindl, L.; Speyer, A.; Weickert, J.; Steiger, R. & Abegg, B. (2016): Die Verbesserung der touristischen Wettbewerbsfähigkeit von ländlichen Destinationen. GW-Unterricht 144 (4), 5-14.

Enright, M. J. & Newton, J. (2004): Tourism destination competitiveness: a quantitative approach. Tourism Management 25, 777-788.

Freyer, W. (2005): Rolle und Bedeutung von Grossveranstaltungen auf den Tourismus. In: Pechlaner, H., Bieger, T. & Bausch, T. (Hrsg.): Erfolgskonzepte im Tourismus III. Regionalmarketing – Grossveranstaltungen – Marktforschung. Linde, Wien, 59-84.

Goeldner, C. R. & Ritchie, J. R. B. (2003): Tourism: Principles, Practices, Philosophies. Wiley, New York.

Hudson, S. & Shephard, G. W. H. (1998): Measuring Service Quality at Tourist Destinations: An Application of Importance-Performance Analysis to an Alpine Ski Resort. Journal of Travel & Tourism Marketing 7 (3), 61-77.

Kronthaler, F. & Cartwright, J. (2008): Wertschöpfung des Tourismus in den Regionen Graubündens – Stand und Entwicklung. HTW Chur. [http://www.htwchur.ch/uploads/media/wertschoepfungsstudie_tourismus_08.pdf, Zugriff am 20.5.2017].

Lenzerheide Marketing und Support AG (o.J.a): Marketinghaus - 2020. [https://lenzerheide.com/pdf/lms/strategie/marketinghaus-2020.pdf, Zugriff am 01.06.2017].

Lenzerheide Marketing und Support AG (o.j.b): Top Events. [https://lenzerheide.com/de/top-events, Zugriff am 01.06.2017].

Martilla, J. & James, J. (1977): Importance-Performance Analysis. Journal of Marketing 41 (1), 77-79.

Oh, H. (2011): Revisiting importance–performance analysis. Tourism Management 22, 617-627.

Plaz, P. & Schmid, S. (2014): Aussichten für das alpine Schneesportgeschäft in Graubünden - Kurzbericht im Rahmen des Projekts „Strategien für Bündner Tourismusorte". In: Wirtschaftsforum Graubünden. Chur.

Plaz, P. & Schmid, S. (2015): Langfristige Entwicklung des Bündner Tourismus - Grundlagenbericht im Rahmen des Projekts „Strategien für Bündner Tourismusorte". In: Wirtschaftsforum Graubünden. Chur.

Plaz, P.; Schmid, S. & Bösch, I. (2015): Strategien für Bündner Tourismusorte - Kerndokument des Projekts „Strategien für Bündner Tourismusorte". In: Wirtschaftsforum Graubünden. Chur.

Porter, M. E. (1990): The Competitive Advantage of Nations. Free Press, New York.

Ritchie, J. R. B. & Crouch, G. I. (2010): A model of destination competitiveness/ sustainability: Brazilian perspectives. Brazilian Public Administration Review 44 (5), 1049-1066.

Anhang

Statistische Daten der untersuchten Wettbewerbsfaktoren: Arithmetischer Mittelwert ($\bar{x}$), Varianzkoeffizient (v) & 95%-Konfidenzintervall.

Faktor		Importance			Performance		
		$\bar{x}$	v	95%-Konf	$\bar{x}$	v	95%-Konf
(1)	Attraktive Landschaft	4,74	0,09	0,13	3,39	0,22	0,22
(2)	Attraktives Ortsbild	4,22	0,17	0,20	2,96	0,31	0,27
(3)	Schneesicherheit	4,79	0,10	0,13	3,00	0,24	0,21
(4)	Grösse des Skigebiets	4,30	0,15	0,19	3,67	0,24	0,25
(5)	Beherbergungsangebot	4,46	0,11	0,15	2,74	0,28	0,22
(6)	Breite Palette an tour. Aktivitäten	4,41	0,12	0,16	3,39	0,22	0,22
(7)	Einzigartige Attraktionen (USPs)	4,23	0,16	0,19	3,23	0,23	0,22
(8)	Brauchtum / reiches Kulturerbe	3,38	0,29	0,28	2,79	0,27	0,22
(9)	Veranstaltungen / Gross-Events	4,63	0,14	0,19	3,93	0,19	0,21
(10)	Gute Erreichbarkeit (PKW)	4,49	0,11	0,14	3,76	0,19	0,20
(11)	Gute Erreichbarkeit (ÖPNV)	4,52	0,13	0,17	3,63	0,22	0,23
(12)	Gastfreundschaft	4,83	0,09	0,12	2,93	0,17	0,15
(13)	Pos. Haltung der Bevölkerung	4,60	0,12	0,15	3,12	0,22	0,21
(14)	Innovative Unternehmerpers.	4,43	0,14	0,18	3,20	0,26	0,24
(15)	Bergbahnen als treibende Kraft	4,32	0,16	0,20	3,38	0,25	0,24
(16)	Politischer Rückhalt	4,49	0,15	0,19	2,98	0,29	0,26
(17)	Finanz. Unterstützung der Politik	3,81	0,25	0,27	2,68	0,23	0,20
(18)	Regionalität	4,26	0,17	0,21	2,98	0,22	0,20
(19)	Schlagkräftige Marketingorg.	4,57	0,11	0,14	3,38	0,24	0,24
(20)	Kooperation zw. Tour. Anbietern	4,36	0,19	0,23	3,21	0,28	0,27
(21)	Nachfrage aus dem Inland	4,80	0,09	0,13	3,47	0,22	0,23
(22)	Nachfrage von europ. Touristen	4,33	0,18	0,23	2,46	0,28	0,20
(23)	Aussereuropäische Zielmärkte	3,37	0,31	0,30	2,49	0,34	0,25
(24)	Tagesgäste	4,41	0,16	0,21	3,67	0,21	0,22
(25)	Klare Positionierung	4,63	0,11	0,15	3,34	0,25	0,25
(26)	Ausgewogenes Verhältnis So/Wi	4,07	0,18	0,21	3,16	0,26	0,24
(27)	Gut ausgebildete reg. Fachkräfte	4,07	0,19	0,22	2,84	0,19	0,16
(28)	Preis-Leistungs-Verhältnis	4,43	0,13	0,17	3,27	0,25	0,24
(29)	Image	4,72	0,10	0,13	3,24	0,25	0,24
	Arithmetisches Mittel aller Faktoren	4,37	0,15	0,19	3,18	0,24	0,22

Der touristische Arbeitsmarkt braucht Innovationen

Herausforderungen, Lösungsansätze, Best Practices

Richard Kämpf, Christoph Schlumpf

Abstract

Wenig attraktive Arbeitsbedingungen führen dazu, dass Tourismusbetriebe oft Schwierigkeiten haben, qualifizierte Mitarbeiter zu finden und vor allem auch zu halten. Gleichzeitig sind die Qualifizierung, die Motivation und die Innovationskraft der Mitarbeitenden ein Kernelement des touristischen Erfolgs – nicht zuletzt, da im Tourismus der Mensch wie bei kaum einer anderen Branche im Zentrum steht. Zusätzlich verändert die Digitalisierung den Tourismus grundlegend. Die zukünftigen Anforderungen an die Mitarbeitenden und an die Aus- und Weiterbildung sind nicht mehr mit den heutigen vergleichbar. Das Staatssekretariat für Wirtschaft (SECO) hat Chancen und Möglichkeiten zur Attraktivitätssteigerung des touristischen Arbeitsmarktes untersucht. Neue Ansätze sind gefragt. Sie finden sich neben der Digitalisierung insbesondere bei Kooperationen im Mitarbeiterbereich sowie bei der Führungs- und Unternehmenskultur.

Keywords: Arbeitsmarkt, Arbeitsbedingungen, Qualifikation der Mitarbeitenden, Digitalisierung, Führungskultur, Innovation, Kooperationen

1 Ausgangslage

Arbeitskräfte- und Fachkräftemangel ist ein grosses Thema im Tourismus, insbesondere im Alpenraum. Angesichts des oftmals schwierigen wirtschaftlichen Umfelds der Branche haben viele Tourismusbetriebe Mühe, geeignete Arbeitskräfte zu finden und zu halten. Neben den tiefen Löhnen und unregelmässigen Arbeitszeiten führt die Saisonalität zu starken Fluktuationen, was hohe Kosten für die Rekrutierung und Einarbeitung neuer Mitarbeiter mit sich bringt. Gleichzeitig stellt dies eine Herausforderung hinsichtlich der Dienstleistungsqualität dar. In einer Branche, in welcher der Personalaufwand einen überdurchschnittlich grossen Anteil am Umsatz ausmacht, ist die Thematik des Arbeitsmarktes von essentieller Bedeutung. Aus volkswirtschaftlicher Perspektive kommt ein weiterer wesentlicher Aspekt dazu: Im Alpenraum ist der Tourismus oftmals der wichtigste Arbeitgeber, Alternativen sind meistens rar.

Das Staatssekretariat für Wirtschaft SECO hat sich seit anfangs 2016 vertieft mit der Frage auseinandergesetzt, wie der touristische Arbeitsmarkt für Arbeitnehmer attraktiver gestaltet werden kann. Verschiedene Grundlagenberichte im Auftrag des SECO befassen sich mit dieser Frage. Anstoss war das Tourismus Forum Schweiz, welches sich im November 2016 mit dem Thema «Innovation im touristischen Arbeitsmarkt» auseinandersetzte. Einerseits hat das Beratungs- und Forschungsunternehmen Ecoplan die Studie «Facts and Figures zum Arbeitsmarkt im Tourismus» erstellt. Basierend darauf und aufgrund eines Expertenworkshops wurden vier Schwerpunkte zu möglichen Verbesserungen im Arbeitsmarkt identifiziert. Das Beratungsunternehmen Daniel Fischer & Partner erarbeitete die dazugehörigen Factsheets und eine Auswertung des Tourismus Forum Schweiz.[1]

Der touristische Arbeitsmarkt wird vom SECO zudem im Rahmen der Erarbeitung einer neuer Tourismusstrategie prioritär behandelt. Im Fokus steht die Frage, wie das Unternehmertum im Tourismus sowie die Strategiefähigkeit und -orientierung der touristischen Akteure gestärkt werden können.

2 Wer arbeitet im Schweizer Tourismus

Je nach Region und Sektor unterscheiden sich die Gegebenheiten und die Herausforderungen des touristischen Arbeitsmarktes. So haben alpine Tourismusregionen andere Arbeitsmarktverhältnisse als Städte. Zudem verfügen die Angestellten von Beherbergungsbetrieben über einen anderen beruflichen Hintergrund als die Mitarbeitenden von Reisebüros und Bergbahnen. Während beispielsweise in der Hotellerie, in der Gastronomie und in den Reisebüros überdurchschnittlich viele Frauen und junge Leute arbeiten, arbeiten im Passagierverkehr überdurchschnittlich viele Männer und ältere Leute (siehe Abbildung 1).

---

[1] Alle Unterlagen zum Tourismus Forum Schweiz finden sich unter: www.tourismusforumschweiz.ch Der vorliegende Artikel basiert mehrheitlich auf den von Ecoplan und Daniel Fischer & Partner erarbeiteten Unterlagen und den Diskussionen anlässlich des Tourismus Forum Schweiz 2016.

Abbildung 1:   Anteil Beschäftigte nach Geschlecht, Alter und Branchen in Prozent

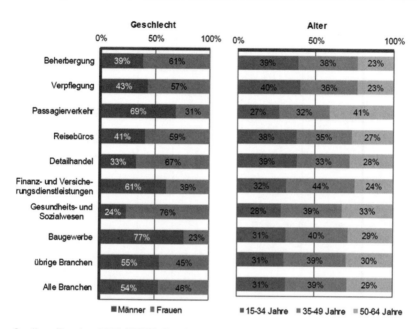

Quelle: Ecoplan 2016 (SAKE, Durchschnittswerte 2009 bis 2015)

Eine Auswertung nach Regionen zeigt beispielsweise für die Beherbergung, dass der Frauenanteil in den alpinen Tourismusregionen und übrigen Regionen mit 60 Prozent rund 10 Prozentpunkte höher ist als in den Städten mit internationalen Flughäfen. Zudem zeigt sich, dass die Beschäftigten in den Städten deutlich jünger sind. Beide Argumente können zumindest teilweise damit erklärt werden, dass der Tourismus gerade in Städten für zahlreiche junge Personen – insbesondere Studierende – eine geeignete Nebenbeschäftigungsmöglichkeit darstellt. Dieser «Pool» an flexiblen Arbeitskräften ist in alpinen Tourismusregionen kaum vorhanden.

Betrachtet man die Herkunft der Tourismusarbeitskräfte, so fällt der grosse Anteil ausländischer Beschäftigter auf. Am meisten Ausländer arbeiten in der Beherbergung – wo jeder zweite über einen ausländischen Pass verfügt (siehe Abbildung 2). Ebenfalls hoch ist der Ausländeranteil in der Verpflegung. Im touristischen Passagierverkehr und in den Reisebüros ist der Anteil der ausländischen Beschäftigten derweil sogar tiefer als der gesamtwirtschaftliche Durchschnitt.

Abbildung 2: Anteil Beschäftigte nach Herkunft und Branchen in Prozent

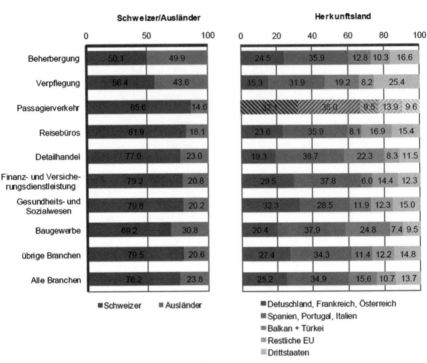

Quelle: Ecoplan (SAKE, Durchschnittswerte 2009 bis 2015)
Hinweis: Aufgrund der geringen Fallzahl bei den Bergbahnen und Binnenschiff-
fahrt (weniger als 50 Beobachtungen pro Gruppe) sind die Ergebnisse mit grosser Vorsicht zu interpretieren.

Eine Betrachtung über die Zeit verdeutlicht allerdings, dass der hohe Anteil
ausländischer Beschäftigter kein neues Phänomen ist. In der Gastronomie wuchs
er von 41 Prozent im Jahr 2003 auf 53 Prozent im Jahr 2015, und in der
Beherbergung blieb er in diesem Zeitraum auf hohem Niveau konstant.

3 Arbeitsbedingungen

Der Schweizer Tourismus hat ein Produktivitätsproblem. Gründe sind die hohe
Personalintensität, welche weniger Automatisierung als in anderen Branchen
zulässt, sowie die tiefe Kapazitätsauslastung. Diese entsteht vor allem aufgrund
saisonaler Nachfrageschwankungen. Die tiefe Produktivität hat Konsequenzen für
den Arbeitsmarkt. So werden in der Beherbergung und in der Gastronomie auf
allen Stufen tiefe Löhne bezahlt (siehe Abbildung 3).

Abbildung 3: **Monatlicher Bruttolohn (Median) nach beruflicher Stellung, 2014**

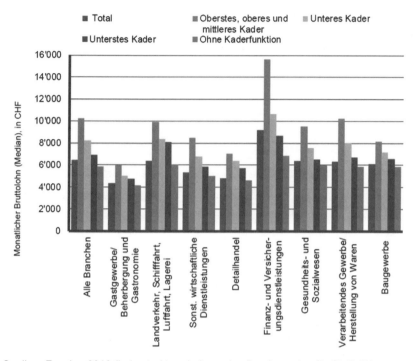

Quelle: Ecoplan 2016 (Lohnstrukturerhebung des Bundesamtes für Statistik)

Zwar steigt auch im Tourismus der Lohn mit der Kaderstufe an, jedoch in geringerem Ausmass als in anderen Branchen. Einzig der Detailhandel und das Baugewerbe weisen vergleichbare Lohnspannen auf. Im Weiteren liegt der Medianlohn des mittleren bis obersten Kaders in der Beherbergung und der Verpflegung nur leicht über dem gesamtschweizerischen Medianlohn für Positionen ohne Kaderfunktion. Eine mögliche Erklärung für die geringe Lohnspanne zwischen Berufen mit und ohne Kaderfunktion dürfte sein, dass die Mindestlöhne im Gastgewerbe sozialpartnerschaftlich festgelegt sind, wogegen die Kaderlöhne vollständig marktbestimmt sind.

Auch nicht monetäre Faktoren belasten den Arbeitsmarkt im Tourismus: Die starke Saisonalität führt gerade im Alpenraum zu einer unterdurchschnittlichen Arbeitsplatzsicherheit und einem hohen Anteil an befristeten Arbeitsverhältnissen. Hinzu kommen unregelmässige Arbeitszeiten. So leisten die Beschäftigten im Tourismussektor relativ häufig Wochenend- bzw. Abend- und Nachtarbeit, was die

Vereinbarkeit von Beruf und Privatleben erschwert (siehe Abbildung 4). Im Weiteren führen kleingewerbliche Unternehmensstrukturen insbesondere im Bereich Gastronomie dazu, dass die Karrieremöglichkeiten eingeschränkt sind.

Abbildung 4: **Anteil Beschäftigte, die Wochenend- sowie Abend- und Nachtarbeit leisten nach Branchen in Prozent**

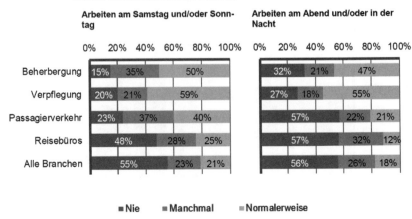

Quelle: Ecoplan 2016 (SAKE, Durchschnittswerte 2009 bis 2015)

4 Attraktivitätssteigerungen sind nötig

Die Qualifizierung der Mitarbeitenden, deren Motivation und Innovationskraft ist entscheidend für den Erfolg jedes Unternehmens. Im Tourismus, wo der Mensch im Zentrum steht, fällt dies besonders stark ins Gewicht.

Betrachtet man rein die zuvor erläuterten Fakten zum touristischen Arbeitsmarkt, dann stellt sich in der Tat die Frage, welche Charakteristika überhaupt dazu motivieren, im Tourismus zu arbeiten. Und die gibt es! Die Branche verfügt über zahlreiche positive Eigenschaften: Der Tourismus bietet weltweit einzigartige Arbeitsorte und ermöglicht es, dort zu arbeiten, wo andere Ferien machen. Daraus ergeben sich insbesondere für junge und flexible Arbeitskräfte spannende Arbeitsmöglichkeiten. Zudem stehen wie bei kaum einer anderen Branche Emotionalität, Genuss und der Kontakt zu den Menschen im Fokus.

Zusätzlich vermitteln Ausbildungen und Jobs im Tourismus Kompetenzen, welche auch in anderen Branchen gefragt sind. Entsprechend ergeben sich vielfältige berufliche Entwicklungsmöglichkeiten, auch ausserhalb des Tourismus. Ein weiterer Vorteil der Branche ist, dass sie auch Arbeitsplätze für Personen mit geringer Qualifikation und zur Integration von Erwerbstätigen in den Arbeitsmarkt bietet.

Trotzt dieser positiven Eigenschaften überwiegen in der Diskussion um den touristischen Arbeitsmarkt Themen, die die Tourismusbranche für Arbeitnehmer generell als wenig attraktiv erscheinen lassen. Dies ist keine neue Erkenntnis. Entsprechend unternehmen Branchenorganisationen wie GastroSuisse oder hotelleriesuisse viel, um die positiven Aspekte des Tourismus als Arbeitgeber aufzuzeigen und seine Position im Wettbewerb um Arbeitskräfte zu stärken. Zu nennen sind beispielsweise der Landes-Gesamtarbeitsvertrag für das Gastgewerbe oder «Progresso», eine fachliche Weiterbildung für Mitarbeitende ohne gastgewerblichen Berufsabschluss in den Bereichen Küche, Service und Hauswirtschaft.

Wie Progresso werden und wurden auch zahlreiche andere Initiativen mit dem Tourismusförderinstrument des Bundes Innotour unterstützt. In den letzten Jahren ist ein Fokus auf die Nachwuchsförderung und die Steigerung der Attraktivität des touristischen Arbeitsmarktes festzustellen. Zu nennen sind hier beispielsweise «Please Disturb», ein Infoevent rund um die Ausbildung in der Hotellerie und der Gastronomie oder die neue Schnupper- und Lehrstellenbörse, die Schülern und Lehrstellensuchenden eine übersichtliche und intuitive Plattform bietet, um sie für eine Lehre in der Hotellerie und Gastronomie zu begeistern. Zudem wurde mit dem neuen Beruf „Hotel-Kommunikationsfachfrau-/mann EFZ" eine neue Ausbildung entwickelt, bei der der Gast mit seinen Bedürfnissen rund um das Hotelerlebnis im Zentrum steht. Der neue Beruf legt grossen Wert auf eine herzliche und professionelle Gästebetreuung sowie eine vernetzte interne und externe Kommunikation. Die Ausbildung der Hotel-Kommunikationsfachleute schafft dank den Einblicken in die verschiedenen Fachbereiche und dem persönlichen Umgang mit Gästen und Partnern beste Voraussetzungen für attraktive Positionen in den Hotelbetrieben.

Trotz dieser zahlreichen Aktivitäten zeigen die Ergebnisse der Arbeiten des SECO und insbesondere der Diskussionen anlässlich des Tourismus Forum Schweiz, dass weitere Bemühungen sinnvoll und notwendig sind.

5   Die Digitalisierung verändert den touristischen Arbeitsmarkt

Die Digitalisierung verändert den Tourismus grundlegend. Sie bringt Herausforderungen mit sich und bietet zahlreiche Chancen für den Schweizer Tourismus. Die Geschwindigkeit der Entwicklung erhöht den Innovationsdruck. Die Tourismusbranche ist gefordert, sich diesen Herausforderungen zu stellen und die Chancen zu packen, die die Digitalisierung bietet.

Die aktuellen Entwicklungen zeigen, dass die Digitalisierung weiter an Bedeutung gewinnt und die Herausforderungen sich akzentuieren. IT-Kompetenzen werden für die Mitarbeitenden immer wichtiger. Durch die technologischen Veränderungen sind die Anforderungen an die Mitarbeiter der Zukunft nicht mehr mit den heutigen

Anforderungen vergleichbar. Gleichzeitig lebt der Tourismus von den «Soft Skills» der Mitarbeitenden. Dies gilt insbesondere im Hinblick auf Themen wie Gastfreundschaft/Herzlichkeit sowie Servicequalität. Diesen Spagat zwischen „high tech" und „high touch" müssen die Tourismusakteure meistern können. Die Leistungserbringer müssen sich mit den Fragen auseinandersetzen, wie sie sich im Markt positionieren wollen und wie viel Technologie sie in ihrem Betrieb einsetzen wollen (Self Check-in, Roboter, etc.). Diese Entwicklungen haben auch Auswirkungen auf die Bedürfnisse im Bereich der Aus- und Weiterbildung.

Die Digitalisierung wird zudem das Rekrutierungsumfeld verändern. Gefragt sind vermehrt Ansätze zur Verstärkung des Employer Brandings. Die Branche muss noch gezielter auf Bildungsabgänger und andere potenzielle Mitarbeiter zugehen und die eigenen Stärken und Vorteile bewusster vermarkten.

Vor diesem Hintergrund gewinnt die Thematik der zukünftigen Kompetenz- und Qualifikationsanforderungen an die Mitarbeitenden im Tourismus auch in der Tourismuspolitik des Bundes an Bedeutung. Beispielsweise wird über Innotour die Verbesserung der Aus- und Weiterbildung unterstützt.

6 Kooperationen als vielversprechender Ansatz

Der Schweizer Tourismus ist von kleinen Betrieben und verzettelten Destinationsstrukturen gekennzeichnet. Ein Lösungsansatz sind Kooperationen. Mit Kooperationen können relativ rasch nachhaltige Erfolge erzielt werden. Die Produktentwicklung kann optimiert und Kosten können eingespart werden – bspw. bei Warenkosten, Versicherungen oder Kreditkartenzahlungen. Dadurch werden Mittel frei, welche anderweitig in den Betrieb investiert werden können. Kooperationen können aber auch im Personalbereich grosse Vorteile bringen. Zu nennen sind Themen wie Mitarbeitergewinnung, Mitarbeitersharing oder Aus- und Weiterbildung.

Von Effizienzvorteilen – sei es bei der Rekrutierung, der Weiterbildung oder allenfalls sogar beim Jobsharing – profitieren Arbeitgeber und Arbeitnehmer. Dank solcher Kooperationen werden die Unternehmen durchlässiger – wodurch neue Laufbahnmöglichkeiten entstehen. Zudem können neue Jobprofile entstehen, gerade auch für Spezialisten. Wichtige Voraussetzung ist dabei stets die Kooperationsbereitschaft und -fähigkeit der Führungskräfte.

Ein erfolgversprechender Ansatz ist das von der Hochschule für Technik und Wirtschaft Chur koordinierte und von der Neuen Regionalpolitik des Bundes unterstützte Mitarbeitersharing-Projekt «Im Sommer am See, im Winter im Schnee»: Auf der Internetplattform Enjoy-summer-winter.ch arbeiten renommierte Hotel- und Gastronomiebetriebe aus Sommer- und Winterregionen – vorwiegend aus den Kantonen Graubünden und Tessin – zusammen und bieten gemeinsam eine berufliche Ganzjahresperspektive. Damit wollen die Betriebe saisonalen Fachkräften eine ganzjährige Arbeitsstelle bieten und diese längerfristig an ihre Unternehmen binden. Dies reduziert auf Betriebsseite den Rekrutierungsaufwand und macht es gleichzeitig attraktiver, in die Schulung des Personals zu investieren. Das Projekt führt somit zu einer Win-win-win-win Situation; es profitieren neben dem Arbeitgeber und dem Arbeitnehmer auch der Gast in Form von höherer Servicequalität und die öffentliche Hand (weniger saisonale Arbeitslose).

Ein weiteres Beispiel ist das durch Innotour unterstützte Projekt der Erlebnis-macher AG, zu welcher sich im 2016 vier Unternehmen aus dem Tourismus (Emmental Tours AG, Herzroute AG, Berger Events GmbH und Abenteuer-Zeitreisen TOPAZ GmbH) zusammengeschlossen haben. Wesentliches Element der Kooperation ist der geplante Personalpool und die Zentralisierung verschiedener Aktivitäten – u.a. die Anstellung sämtlicher Mitarbeiter, die Mitarbeiterführung oder interne und externe Weiterbildung.

Neben Kooperationen auf betrieblicher Ebene sollte im Tourismus aber vermehrt auch über Zusammenarbeitsformen auf Destinationsebene nachgedacht werden. Denn attraktive Arbeitsplätze sind nicht nur Unternehmens-, sondern auch Branchen- und Destinationsaufgaben. Kooperationen auf Destinationsebene führen zu mehr Abwechslung für die Mitarbeiter und dies kann wiederum dazu führen, dass die Mitarbeitenden länger im Betrieb und in der Destination bleiben. Diese Destinationssichtweise ist auch deshalb zentral, da die Mitarbeiter jeweils auch Botschafter der Region sind. Je besser sie eine Region kennen, umso besser und glaubhafter können sie die Kunden davon überzeugen.

7 Eine zeitgemässe Führungskultur als Erfolgsvoraussetzung

Kooperationen und eine erfolgreiche digitale Transformation sind im Hinblick auf eine Attraktivitätssteigerung des touristischen Arbeitsmarktes allerdings nur dann erfolgsversprechend, wenn auch die Führungskultur in den Tourismusunter-nehmen und -organisationen zeitgemäss ist. Die Tourismusbranche gilt häufig als wertkonservativ und die Führungsstile werden als autoritär und hierarchisch wahrgenommen. Es braucht dementsprechend ein Umdenken von Führung zu Leadership.

So sollte nebst der Gästeorientierung eine aktive Mitarbeiterorientierung ein wichtiges Thema der Unternehmensstrategie sein. Dies auch deshalb, da die Frage, wie Mitarbeiter gehalten werden können, fast zentraler ist, als die Mitarbeiterrekrutierung selbst. Angesichts des eingeschränkten Spielraums bei den Löhnen sollten die Akteure im Tourismus stärker auf immaterielle Bindungs-instrumente – wie beispielsweise die Nutzung der betriebseigenen Infrastruktur – setzen.

Insbesondere die Generation Y zeichnet sich durch veränderte Bedürfnisse aus. Ihr sind eine gute Arbeitsatmosphäre, Wertschätzung von Leistung und eine abwechslungsreiche und herausfordernde Tätigkeit besonders wichtig. In diesem Zusammenhang ebenfalls zu erwähnende Lösungsansätze sind flexible Arbeitszeit- und Jobsharing Modelle. Jobsharing wie auch Home-Office sind heutzutage in Führungsaufgaben und für viele Back-Office Arbeiten, welche nicht standortgebunden sind und auch zuhause erbracht werden könnten (Marketing, Sales, Finanzen, Reservierungen etc.), möglich. Es zeigt sich aber, dass in der Branche noch immer eine gewisse Abneigung dagegen zu spüren ist.

8 Fazit

Die Arbeiten des SECO und insbesondere das Tourismus Forum Schweiz 2016 haben gezeigt, dass es in der Schweiz noch grosse Potenziale im touristischen Arbeitsmarkt gibt. Die Branche wird als wertkonservativ wahrgenommen und das Image von der Branche und den Berufen wird unter ihrem Wert verkauft. Imageverbesserungen und Innovationen im touristischen Arbeitsmarkt werden für die Tourismusbranche dementsprechend matchentscheidend sein.

Die Branche kann und sollte selbstbewusster auftreten. Erfolgreiche Beispiele sind verstärkt ins Schaufenster zu stellen und die Nachahmung ist zu fördern. Ebenso werden Kooperationen auf HR-Ebene immer wichtiger und sind sowohl für Arbeitgeber wie Arbeitnehmer interessant. Mit der Digitalisierung kommt ein neues Themenfeld dazu, welches den touristischen Arbeitsmarkt vor Herausforderungen stellt und gleichzeitig zahlreiche Chancen bietet. Diese müssen genutzt werden.

Die bisherigen Erkenntnisse bestärken das SECO in seiner Absicht, sich auch zukünftig schwerpunktmässig mit dem touristischen Arbeitsmarkt auseinander-zusetzen. Insbesondere ist das SECO gewillt, mit Innotour auch zukünftig wegweisende innovative Projekte im Bereich der erwähnten prioritären Heraus-forderungen wie Digitalisierung, Kooperationen im Mitarbeiterbereich und Leadership statt Führung zu unterstützen. Hinzu kommen weitere wichtige Themenfelder wie die Stärkung der Strategiefähigkeit und -orientierung der touristischen Akteure sowie die Erschliessung unternehmerischer Potenziale v.a. in den Berggebieten. Zu erwähnen sind etwa eine systematischere Nutzung von „Second Careers" im Tourismus oder die Einbindung von Zweitwohnungsbesitzern in die Destinationsentwicklung bzw. die Nutzung ihrer unternehmerischen Kompetenzen und Erfahrungen.

Literaturverzeichnis

Daniel Fischer & Partner (2016): Factsheets zu den Themen „Führungskultur", „Kooperationen", „Erfolgsfaktoren im Personalwesen" und „Der touristische Arbeitsmarkt" im Auftrag des Staatssekretariates für Wirtschaft SECO. Bern.

Daniel Fischer & Partner (2017): Abschlussarbeiten zum Tourismus Forum Schweiz 2016 im Auftrag des Staatssekretariates für Wirtschaft SECO. Bern.

Ecoplan (2016): Facts and Figures zum Arbeitsmarkt im Tourismus. Studie im Auftrag des Staatssekretariates für Wirtschaft SECO. Bern.

Die Austauschbarkeit von Alpenzielen – Wettbewerbssituation auf dem deutschen Markt aus der Nachfrageperspektive

Martin Lohmann, Philipp Wagner

Abstract

Dieser Beitrag untersucht vor dem Hintergrund der Multi-Optionalität der Kunden und rückläufiger Marktanteile die Wettbewerbssituation alpiner Ziele auf dem deutschen Markt. Wir haben für diesen Beitrag neue Daten der deutschen Untersuchung „Reiseanalyse" vom Januar 2017 analysiert und ein besonderes Augenmerk auf die Situation der Schweiz als Ferienziel deutscher Urlaubsreisender gelegt. Die Frage ist zunächst, ob die Deutschen überhaupt noch eine Zuneigung zu den Alpen haben. Die Daten zeigen, dass es in Deutschland für nahe Zukunft immer noch ein grosses Interesse an Alpenurlaub gibt. Rückläufige Marktanteile für die Alpen, wie es sie auf dem deutschen Markt seit vielen Jahren gibt, haben ihre Ursachen also nicht in einer allgemeinen, breiten Abneigung der deutschen Touristen gegenüber den Alpen sondern eher in der Vielzahl ihrer Interessen und den immer wachsenden Möglichkeiten, diesen auch nachzugehen. Austauschbarkeit ergibt sich hierbei nicht aus sehr ähnlichen Angeboten, sondern aus der grossen Zahl von alternativen Destinationen auf der ganzen Welt, die die potenziellen Gäste auch sehr interessant finden. Eine solche Austauschbarkeit gibt es auch zwischen den alpinen Destinationen. Einzelne Zielländer sind auf der Basis der Kundenpräferenzen durch andere ersetzbar. Die Schweiz steht auf dem deutschen Markt in zweierlei Konkurrenzbeziehungen, einmal mit anderen Alpenzielen, aber auch in besonderem Masse in einem globalen Wettbewerb.

Keywords: Alpenliebe; Nachfragepotenziale; Multi-Optionaler Konsument; Wettbewerbssituation aus Nachfrageperspektive; Set Theorie

1 Einleitung

„Multi-Optionalität" kennzeichnet den Touristen der Neuzeit: Gemeint ist mit diesem Begriff, dass der Kunde selbst zunehmend mehr Wahlmöglichkeiten sieht, mit denen er einen für ihn positiven Urlaub gestalten kann. Die Touristen haben so breit gestreute Interessen und Motive, dass sie mit ganz verschiedenen Angeboten glücklich werden können (Lohmann et al., 2014, 91).

Für touristische Destinationen ist die Multi-Optionalität ihrer potenziellen Besucher Fluch und Segen zugleich: Segen, weil die breitgefächerten Zielinteressen den Kreis möglicher Besucher erweitert, Fluch, weil diese Gäste auch woanders völlig problemlos ihr Urlaubsglück finden können. Es ergibt sich so eine Austauschbarkeit von Reisezielen. Diese Austauschbarkeit gründet sich nicht darauf, dass es ja überall gleich aussehe und man in etwa die gleichen Leistungen in gleich guter Qualität bekomme, sondern liegt zunächst einzig in den vielfältigen Neigungen der Konsumenten. Für viele Anbieter bedeutet das eine erweiterte Wettbewerbs-situation.

Die Multi-Optionalität macht auch den potenziellen Touristen gelegentlich das Leben schwer. Sie stehen vor einer schier unübersehbaren Vielzahl an touristischen Destinationen, Produkten und Dienstleistungen (Pechlaner et al., 2007, 359). Die Sache ist also komplex und die Komplexität hat einen Einfluss darauf, welche Strategien in einem oftmals dynamischen Prozess der Entscheidungsfindung angewendet werden (z. B. Swait & Adamovicz, 2001; für eine Übersicht der Theorien siehe Sirakaya & Woodside, 2005). Als Konsument kann man sich das Leben erleichtern, indem man sich auf „Marken" (Brands) verlässt. Diese erlauben eine erhebliche Reduzierung der Komplexität des Informations- und Entscheidungsprozesses. Markenprodukte sind zweckmässig austauschbar (es gibt noch mehr Produkte der gleichen Kategorie, sonst wäre die Markierung ja nicht nötig), aber differenziert in der Produktpositionierung und der Marketingkommunikation („Branding").

Für schnelllebige Konsumgüter hat das Foxall (1999) beschrieben. Bei der Vermarktung von Konsumgütern ist „Branding" (Markenbildung) eine stark verbreitete Strategie. Marken sind hilfreich oder auch notwendig um zwischen mehr oder weniger gleichen Produkten (homogen in ihrer Funktion) zu unterscheiden. Branding möchte erreichen, dass Konsumenten Vorlieben für bestimmte Marken aufbauen, die zu einem erhöhten Kaufverhalten und einer Loyalität gegenüber dem Produkt führen.

Die Strategie der Markenbildung ist auch im touristischen Destinationsmarketing weit verbreitet. (Pechlaner et al., 2007; Swarbrooke & Horner, 2007, 164) Wie bei Konsumgütern ist es das Ziel, eine unverwechselbare Position auf der kognitiven Landkarte des Kunden am Markt einzunehmen. Die Positionierung der Marke bedeutet, sich von den Mitbewerbern zu differenzieren.

Im Destinationsmarketing sind viele Akteure der festen Überzeugung, dass gerade ihre Region etwas Besonderes habe, das eine Differenzierung zu anderen Destinationen erlaubt. Es wird erwartet, dass der offizielle geographische Name einer Region/eines Ortes (z. B. Tirol, Paris, Hawaii) dieselbe Wirkung im Marketing hat, wie Marken wie Coca Cola oder Mercedes Benz. Die Erwartung gründet auf der Annahme des Besonderen, des Herausragenden, der Einzigartigkeit in einem oder mehreren Aspekten.

Eine starke Wirkung der Einzigartigkeit ist aber nur zu erwarten, wenn sich der Kunde dieser Einzigartigkeit bewusst ist (wahrgenommene Einzigartigkeit) und diese auch in seinem Informations- und Entscheidungsprozess berücksichtigt. Einzigartigkeit bezieht sich also auf das Image eines Landes oder einer Region, das von einem potenziellen Touristen in einem entfernten Quellmarkt wahrgenommen wird. Einzigartigkeit kann mit positiven („muss man gesehen haben") oder negativen („sollte man unter allen Umständen vermeiden") Vorstellungen verknüpft sein. Eine solche Beurteilung ist nicht nur abhängig von Merkmalen der Region, sondern auch ein Ergebnis der Motivation und der Einstellung der Konsumenten und variiert deswegen in den verschiedenen Zielgruppen. Wahrgenommene Einzigartigkeit kann zu einem grösseren Interesse auf der Konsumentenseite führen und so zu einer besseren Position in der Rangliste möglicher Reiseziele („Consideration Set").

2   Zielpräferenzen, Austauschbarkeit und Einzigartigkeit

Die persönlichen Erfahrungen des Touristen und die im Informationsprozess gesammelten Aspekte führen vor dem Hintergrund eigener Motive und Einstellungen zu Vorstellungen (images) bezüglich möglicher Ferienziele und letztendlich zu Zielpräferenzen, auf denen die Reiseentscheidung beruht (Hudson, 1999, 15). Ein nützliches Konzept ist in diesem Zusammenhang die „Set-Theorie". Sie zeigt auf, dass ein Verbraucher aus einer begrenzten Anzahl von Alternativen (Destinationen) entscheidet, derer er sich bewusst ist (awareness set). Auf der Basis seiner Vorstellungen von diesen Destinationen (images) sortiert er diese in die Klasse „sollte ich wirklich bald hinfahren" (= consideration set) oder „das kommt nicht in Frage" (=excluded set) (Um & Crompton, 1999, 85). Die Auswahl erfolgt dann nur aus den Elementen des consideration sets. Der „Inhalt" des consideration sets im Hinblick auf Destinationen für Urlaubsreisen kann in empirischen Umfragen nach den Reisezielabsichten für die überschaubare Zukunft erhoben werden.

In diesem Beitrag betrachten wir Austauschbarkeit und Einzigartigkeit von Destinationen in den europäischen Alpen in Abhängigkeit von Verbraucherpräferenzen (Interesse, ein Ziel in den nächsten 3 Jahren zu besuchen) in Deutschland. In diesem Fall beruht die Einzigartigkeit nicht auf den Attributen des Produktes (Van Osselaer & Alba, 2000) sondern auf der Abwesenheit von Austauschbarkeit oder genauer auf der Abwesenheit von Alternativen. Als relativ einzigartig (und somit im Wettbewerb besser aufgestellt), kann eine Region, ein Land oder eine Destination angesehen werden, wenn potenzielle Kunden keine grosse Anzahl von möglichen Alternativen vor Augen haben. Diese Definition der Einzigartigkeit steht in engem Zusammenhang mit der Relevanz für den Kunden. Wir berücksichtigen nicht ob eine Destination etwas herausragendes, wie z.B. die höchsten Berge, die ältesten Schlösser oder längsten Wanderwege der Welt zu bieten hat. Wir fragen nicht, ob die Touristen einen Unterschied zwischen Österreich und der Schweiz oder Kitzbühel und Toblach sehen. Stattdessen fragen wir z. B.: Kann eine Reise nach Österreich ein Ersatz für eine Reise in die Schweiz sein? Haben Personen beide Länder in ihrem consideration set (Austauschbarkeit möglich = nicht einzigartig) oder nur eines von ihnen (=einzigartig)? Kann ein Urlaub in den Alpen durch einen Urlaub am Mittelmeer ersetzt werden? Wir würden z. B. Österreich als ein relativ einzigartiges bzw. weniger austauschbares Ziel ansehen, wenn seine zukünftigen Kunden nicht viele weitere Destinationen in ihrem consideration set haben.

Der Begriff „einzigartig" wird hier sprachlich nicht ganz genau genommen. Eigentlich kann es dabei ja kein mehr oder weniger geben, entweder ist eine Sache einzig in ihrer Art oder eben nicht. Den Autoren ist das unangenehm, aber das besser passende Wort ist noch nicht gefunden. Wir freuen uns auf Vorschläge.

Dieser Beitrag konzentriert sich auf zwei Forschungsfragen:
1. Gibt es ein spezifisches Alpeninteresse bei deutschen Urlaubern oder gehen diese zahlreichen Alternativen in anderen Regionen?
2. In welchem Mass kann ein bestimmtes Ziel in den Alpen durch ein anderes Ziel in der gleichen Region ersetzt werden?

Diese Fragen analysieren wir am Beispiel Deutschland, einem der grössten europäischen Quellmärkte, der für viele Alpenziele von grosser Bedeutung ist. Wir bauen dabei auf früheren Arbeiten auf (Lohmann & Wagner, 2016; Lohmann, 2010). Für diesen Beitrag haben wir neue Daten der deutschen Untersuchung „Reiseanalyse" vom Januar 2017 analysiert und ein besonderes Augenmerk auf die Situation der Schweiz als Ferienziel deutscher Urlaubsreisender gelegt.

3   Datenbasis

Als empirische Basis verwenden wir die Daten der deutschen Reiseanalyse (RA). Bei der RA handelt es sich um eine jährlich durchgeführte empirische Untersuchung (Befragung) zum Urlaubsreiseverhalten der deutschsprachigen Bevölkerung und ihren urlaubsbezogenen Einstellungen und Motiven (vgl. Lohmann et al., 2017; Schmücker et al., 2015). Die Daten der RA werden seit 1970 an einer für die Wohnbevölkerung in Deutschland repräsentativen Zufallsstichprobe erhoben (ab 14 Jahre, deutschsprachig). Neben jährlich 7500 persönlichen Interviews („face-to-face") werden zusätzlich 5000 Personen online befragt. Die RA ist ein nicht-kommerzielles Projekt, getragen von der Forschungsgemeinschaft Urlaub und Reisen e. V. (FUR), einer unabhängigen Vereinigung von touristischen Organisationen und Unternehmen wie Reiseveranstaltern, Hotelketten, regionalen, nationalen und internationalen Tourismus-(Marketing-) Organisationen, Verlagen, Politik und Verwaltung.

Die Untersuchung beschäftigt sich mit Urlaubsreisen ab fünf Tagen Dauer und Kurzurlaubsreisen von zwei bis vier Tagen. Neben der Beschreibung des Urlaubs- und Reiseverhaltens der deutschsprachigen Bevölkerung ist die Erfassung der Urlaubsmotive und -interessen ein wesentlicher Bestandteil der Reiseanalyse. Auch die Erhebung von Potenzialen für Destinationen, Urlaubsformen und Urlaubsaktivitäten sind Teil des regelmässigen Befragungsprogramms.

Die hier vorgestellte Analyse basiert auf Daten aus dem Januar 2017. Der Schwerpunkt liegt auf Zielpräferenzen: Im Rahmen der RA Interviews wurden die Befragen gebeten für 59 Länder (von Grönland bis Australien) anzugeben ob sie in den letzten drei Jahren (d.h. in 2016, 2015 oder 2014) einen Urlaub dort verbracht haben oder sie beabsichtigen in den kommenden drei Jahren (d.h. 2017, 2018 oder 2019) dort einen Urlaub zu verbringen. Um Befragte als potenzielle Touristen einer Destination zu identifizieren, berücksichtigen wir diejenigen, die eine Reise in das jeweilige Ziel „ziemlich sicher" planen. Um die Sicherheit der Analyse noch zu erhöhen, haben wir die Daten aus drei Befragungen (2015, 2016 und 2017) für die zentrale Auswertung kumuliert. Die Ergebnisse liefern ein ziemlich klares und empirisch fundiertes Bild des „consideration set" der Befragten.

In Bezug auf unseren Einzigartigkeits-/Austauschbarkeits-Ansatz analysieren wir die Überschneidung dieser Zielpräferenzen:
1.   Sind die Deutschen, die ein Interesse an einem Urlaub in den Alpen angeben (d.h. interessiert an mindestens einem der Ziele in den Alpen) auch Interes- senten für Ziele ausserhalb der Alpen? Können andere Destinationen in an- deren Regionen ein Ersatz für ein Urlaubsziel in den Alpen sein?
2.   Ziehen Deutsche mit Interesse an einem bestimmten Ziel in den Alpen auch ein anderes Ziel in dieser Region in Betracht? Gibt es Alpenländer, die aus- tauschbarer sind als andere?

Angesichts des Grundkonzepts der Set-Theorie (Auswahl wird aus einer begrenzten Anzahl an Alternativen getroffen) und der Situation auf dem Tourismusmarkt (grosse Anzahl von Destinationen, riesige Kapazitäten) können wir nicht erwarten, dass ein einziges Land oder eine Region - im empirischen Sinne - wirklich einzigartig ist, so dass potenzielle Touristen für dieses Ziel sonst keine Alternative sehen. Stattdessen erwarten wir eine relative Einzigartigkeit der einzelnen Destinationen, die sich über eine Bandbreite von „(relativ) einzigartig" (Destinationen mit wenigen Alternativen im consideration set des Befragten) bis „(leicht) austauschbar" (Destinationen mit vielen Alternativen im consideration set des Befragten) erstreckt.

4   Alpen und alpine Destinationen: Urlaubsnachfrage der Deutschen

Bevor wir uns mit der Ermittlung der consideration sets befassen, also der Urlaubsabsichten für die Zukunft, betrachten wir kurz die Entwicklung des faktischen Alpentourismus der Deutschen.

In den 1950er und 1960er Jahren waren die Alpen - wie die italienischen Küsten - ein Traumurlaubsziel für viele Deutsche: eine reizvolle Landschaft, ganz anders als zu Hause und relativ einfach zu erreichen (DIVO, 1962, 58). Natürlich gab es Urlaubsreisen in die Alpen auch schon vor dem zweiten Weltkrieg, aber jetzt gewann er an Dynamik. Reiseveranstalter schickten die Bergurlauber mit Sonderzügen und Bussen nach Bayern und Österreich, genauso wurden die Schweiz und Südtirol vom Tourismus (wieder-)entdeckt. In einer Studie von 1961 waren Österreich und Italien die Länder, die am häufigsten als „ideales Reiseziel" von den Deutschen genannt wurden. Im Jahre 1965 war das Gebirge die beliebteste Urlaubslandschaft (DIVO, 1965, 188).

Die Rolle der Alpen bei den Urlaubsreisen der Deutschen hat sich seit den 1960er Jahren stark verändert. Über die Jahrzehnte verloren die Alpen ihre besondere Beliebtheit und wurden abgelöst durch Ziele am Mittelmeer und an Nord- und Ostsee. Im Jahr 1985 unternahmen die (West-) Deutschen 32,3 Mio. Urlaubsreisen, die Alpenregionen erreichten einen Marktanteil von etwa 22%, also 7,3 Mio. Urlaubsreisen (Datzer & Lohmann, 1985). Während der 80er und 90er Jahre sank der Marktanteil stetig bis auf 11% im Jahr 2002 (das entsprach 6,9 Mio. Reisen von insgesamt 63 Mio. Urlaubsreisen). Während des letzten Jahrzehnts (Abbildung 1) blieb der Marktanteil von alpinen Destinationen in Deutschland mit Schwankungen mehr oder weniger auf gleichem Niveau. Im Jahr 2016 führten rund 8% aller Urlaubsreisen aus Deutschland in ein Ziel in den Alpen (d.h. Alpengebiete in Bayern, Österreich, Italien, Frankreich und der Schweiz).

Abbildung 1: Entwicklung der Marktanteile verschiedener Regionen an allen
Urlaubsreisen 2010-2016

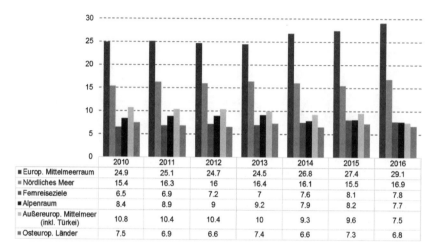

	2010	2011	2012	2013	2014	2015	2016
■ Europ. Mittelmeerraum	24.9	25.1	24.7	24.5	26.8	27.4	29.1
■ Nördliches Meer	15.4	16.3	16	16.4	16.1	15.5	16.9
■ Fernreiseziele	6.5	6.9	7.2	7	7.6	8.1	7.8
■ Alpenraum	8.4	8.9	9	9.2	7.9	8.2	7.7
▨ Außereurop. Mittelmeer (inkl. Türkei)	10.8	10.4	10.4	10	9.3	9.6	7.5
■ Osteurop. Länder	7.5	6.9	6.6	7.4	6.6	7.3	6.8

Basis: Urlaubsreisen (ab 5 Tage Dauer) der deutschsprachigen Bevölkerung, 14+ Jahre

Quelle: RA 2011-2017 face-to-face

Waren die langfristigen Marktanteilsverluste auf dem deutschen Markt bis ins letzte
Jahrzehnt vor allem auf den Sommerurlaub zurückzuführen, so zeigt sich jetzt auch
der Winter als problematisch. Tatsächlich machten die Deutschen in den
Wintermonaten (Nov./Dez. und Jan. bis April) des Jahres 2016 weniger
Urlaubsreisen (Dauer von 5 Tagen oder mehr) als 2005. Das Volumen sank von
knapp 15 Mio. Winter-Urlaubsreisen auf jetzt 12 Mio. In diesem schrumpfenden
Markt verloren die Alpendestinationen noch Marktanteile (von 19% auf 17%). Diese
17% entsprechen 2,0 Mio. Winterurlaubsreisen, von denen 70% nach Österreich
führen und 11% in die Schweiz. Einen deutlichen Zuwachs gab es im Winter einzig
bei Fernreisen (von 13% auf 21%). 2016 wurden in den Wintermonaten mehr
Fernreisen als Alpenurlaubsreisen gemacht.

Tabelle 1: Entwicklung der Marktanteile verschiedener Regionen an allen Winter-Urlaubsreisen 2005 und 2016

Ziele (Auswahl)	2005	2016	Veränderung	Ziele in den Alpen	2005	2016	Veränderung
Urlaubsreisen (Mio.)	14,6	11,8	-	Urlaubsreisen (Mio.)	2,7	2,0	-
Alpen	19	17	-	Österreich	62	70	+
Dt. Mittelgebirge	6	7	+	Schweiz	15	11	-
Nördl. Meer	8	10	+	Italien	12	11	-
Mittelmeer	29	27	-	Bayern	10	7	-
Fernreisen	13	21	+	Frankreich	1	0	-

Basis: Urlaubsreisen (ab 5 Tage Dauer) der deutschen Bevölkerung (ohne Ausländer), 14+ Jahre, in den Monaten Januar bis Apr. und Nov./Dez.

Dennoch kamen deutsche Gäste in die Alpen, auch im Winter, jetzt aber oft im Rahmen von Kurzurlaubsreisen (2 bis 4 Tage Dauer) oder auch nur als Tagesbesucher.

Innerhalb der Urlaubsreisen zu Alpendestinationen war der Marktanteilsverlust der Schweiz im Sommer wie im Winter gross. Den rückläufigen Übernachtungszahlen aus Deutschland liegt dabei wahrscheinlich – neben spezifisch schweizerischen Aspekten (namentlich der für Urlauber ungünstige Wechselkurs des Franken zum Euro bei grundsätzlich hohem Preisniveau) – auch ein gemeinsames Schicksal der Alpendestinationen zugrunde.

Neben den quantitativen Veränderungen im deutschen Alpentourismus zeigen die Daten der RA auch einen Wandel in der Struktur der Urlaubsgäste: Waren sie früher – zumindest im Sommer – ein Ziel für jeden, so sind sie jetzt eher ein Ziel für bestimmte, abgrenzbare Segmente, vor allem für Natur- und Aktivurlauber mittleren und höheren Alters.

Die geschilderte Entwicklungskonstellation ist ein wichtiger Hintergrund in Bezug auf unsere Forschungsfrage, in wie weit die Alpen im consideration set der deutschen Urlauber vertreten sind. Haben die Deutschen etwa die Alpenlust ganz grundsätzlich verloren?

5 Nachfrage-Potenzial für die Alpen in Deutschland

In Tabelle 2 werden die Potenziale für einzelne Alpenländer im Januar 2006 und im Januar 2017 dargestellt. Die % Zahlen geben an, wie viele Deutsche in den jeweils folgenden drei Jahren „ziemlich sicher" eine Urlaubsreise in das jeweilige Land planen.

Tabelle 2: Potenziale für Destinationen in den Alpen 2006 und 2017, Interesse „ziemlich sicher" in den kommenden 3 Jahren

	Januar 2006	Januar 2017	Potenziale im Alpenraum
Destinationen	%	%	%
Österreich	10	10	54
Bayrische Alpen, Voralpen	8	6	35
Südtirol	4	3	19
Schweiz	3	3	14
Trentino	1	1	7
Französische Alpen	1	1	4
Potenzial für Alpen gesamt*	20	16	100

* Gesamtpotential Alpen im Jan. 2017: Nettowerte für den Anteil der Befragten, die „ziemlich sicher" eine Urlaubsreise in den nächsten drei Jahren in eine der folgenden Destinationen planen: Österreich, Bayrische Alpen & Voralpen, Schweiz, Südtirol, Trentino, Französische Alpen Basis: Deutsche Bevölkerung, 14+ Jahre

Quelle: RA 2006; RA 2017; letzte Spalte RA 2015-2017 kumuliert

Tatsächlich haben sich die Potenzialwerte in den zehn Jahren kaum verändert. Salopp gesagt haben die Deutschen die Alpenziele durchaus noch „auf dem Schirm". Ein Indikator für eine veritable Ablehnung von Alpenurlaub zeigt sich hier nicht. Auch für die Schweiz ist das Interesse auf dem gleichen Niveau geblieben.

Die letzte Spalte zeigt (auf der Basis kumulierter Daten aus den Jahren 2015, 2016 und 2017) die Potenziale innerhalb des Alpenraumes, d. h. die Werte sind für die Untergruppe der Befragten mit Interesse an mindestens einer der alpinen Destinationen. Wir nennen letztere „Potenzial für die Alpen". Diese Gruppe umfasst 17% der Deutschen Wohnbevölkerung (rund 11 Mio. Menschen).

Mehr als die Hälfte derjenigen, die eine Reise in die Alpen machen wollen, haben mehr als ein Alpen Ziel in ihrem consideration set. Für eine konkrete Alpenreise haben sie also die Qual oder die Chance der Wahl. Wir werden auf diese Beobachtung später zurückkommen. Angesichts der zahlreichen möglichen Urlaubsziele und des abgefragten Zeitraums (kommende 3 Jahre) ist es nur verständlich, dass viele unserer Befragten mehr als ein Urlaubsziel für ihre Reisen in der nahen Zukunft angeben, in Erwartung von verschiedenen Urlauben mit unterschiedlichen Aktivitäten in unterschiedlichen Regionen. Hier haben wir ein gutes Beispiel für den multi-optionalen Kunden (vgl. Sonntag, 2006) und die sich daraus ergebende Unsicherheit für die Destinationen.

6 Einzigartigkeit der Alpen

Betrachten wir nun die Wettbewerbssituation für die Alpen aus der Konsumenten-perspektive genauer: Sind die Alpen alternativlos? Sind also die rund 11 Mio. potentiellen Alpen-Touristen (Tabelle 2, Spalte 3) nur an dieser Region interessiert? Oder haben sie alternative Zielgebieten im Kopf?

Tabelle 3 zeigt das Ergebnis für die Alpeninteressenten und zum Vergleich die Interessenten an Destinationen im europäischen Mittelmeerraum, in Osteuropa, in Nordeuropa und an Fernzielen ausserhalb Europas und des Mittelmeerraumes.

Tabelle 3: **Kreuzpotenziale für Destinationen und abgeleitete Einzigartigkeit**

	Interessenten* für Destinationen in...				
	Alpen[1]	Europ. Mittelmeer	Ost-europa	Nord-europa	Fernziele
...haben auch Interesse an Zielen ...	%	%	%	%	%
im Alpenraum*	-	21	22	24	30
im europ. Mittelmeerraum*	36	-	33	36	37
in Osteuropa*	12	11	-	17	10
in Nordeuropa*	8	7	11	-	10
Fernziele*	19	14	12	18	-
Austauschbarkeit (Summe der Alternativnennungen)	75	53	78	95	87
Einzigartigkeit (100/Austauschbarkeit)	*1,33*	*1,89*	*1,28*	*1,05*	*1,15*

*Interessenten: Befragten, die eine Urlaubsreise in wenigstens eine Destination in der genannten Region „ziemlich sicher" in den nächsten drei Jahren planen.

[1] Alpenraum = Österreich, Bayrische Alpen & Voralpen, Schweiz, Südtirol, Trentino, Französische Alpen, Basis: Deutschsprachige Bevölkerung, 14+ Jahre

Quelle: RA 2015-2017 *face-to-face* (kumulierte Daten)

Was uns hier vorliegt, ist eine Art Karte mit der Wettbewerbsposition der Regionen im Kopf der Konsumenten. 36% der Alpeninteressenten planen ziemlich sicher auch einen Urlaub am Mittelmeer und 19% möchten (auch) eine Fernreise unternehmen, 12% haben eine Destination in Osteuropa und 8% in Nordeuropa im Kopf. Alternativlos sind die Alpen also nicht. Die Konkurrenz liegt vor allem am Mittelmeer und (überraschend stark) bei Fernreisen.

Das gilt allerdings ähnlich für die anderen Regionen, auch hier haben Interessenten eine ganze Reihe von Alternativen parat. Mittelmeerinteressenten haben eine geringere Neigung zu Alpenurlaub (21%) als Alpeninteressenten zum Mittelmeer (36%), bei den anderen Regionen ist es umgekehrt.

Bildet man aus den Prozentwerten für die einzelnen Regionen in jeder Spalte eine Summe, so ergibt sich eine Kennzahl für Austauschbarkeit. Sie ist hoch, wenn die jeweiligen Potenzialgruppen viele Alternativen sehen. Der Kehrwert zeigt dann die „Einzigartigkeit" im Sinne der Auswahlalternativen an. Man könnte auch von relativer Alleinstellung sprechen. Von den hier aufgeführten Regionen verfügt das europäische Mittelmeer über die höchste „Einzigartigkeit". Ziele in Nordeuropa und Ferndestinationen sind am ehesten austauschbar. Personen, die sich dafür interessieren, haben fast immer auch ganz andere Alternativen auf ihrem Reisewunschzettel. Für die Alpen ist die Austauschbarkeit nicht ganz so deutlich, dennoch gilt: Die Alpen stehen auf dem deutschen Markt im globalen Wettbewerb. Das Potenzial ist zwar vorhanden, aber eben keine Nachfragegarantie. Die Nähe und Vertrautheit der Alpen kann zu einer Haltung führen, dass man dieses Ziel ja auch noch nächstes Jahr besuchen könne. Georg Kreisler hat diese Verlässlichkeit der Alpen schon 1963 in seinem Lied „Alpenglühn" besungen.

7 Einzigartigkeit einzelner Länder im Alpenraum

Mit dem gleichen Ansatz untersuchen wir einzelne Länder innerhalb des Alpenraumes als potenzielle Reiseziele hinsichtlich ihrer Austauschbarkeit bzw. Einzigartigkeit innerhalb der Alpenregion: In welchem Mass kann ein bestimmtes Reiseland in den Alpen durch eine andere alpine Destination in der Region ausgetauscht werden? Dabei haben wir die Berechnungen in der gleichen Art wie in Tabelle 3 durchgeführt. Abbildung 2 zeigt die Ergebnisse für den Einzigartigkeits-Index.

Abbildung 2: Relative Einzigartigkeit von verschiedenen Alpendestinationen

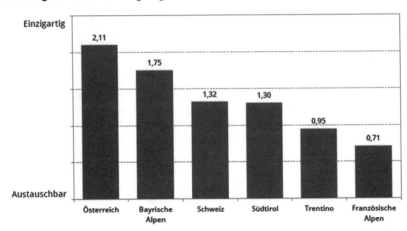

Einzigartigkeitswert = 100/Kreuzpotenzial für andere Alpendestinationen, Basis: Deutschsprachige Bevölkerung, 14+ Jahre

Quelle: RA 2015-2017 *face-to-face* (kumulierte Daten)

Innerhalb des Alpenraums gibt es hinsichtlich der Einzigartigkeit nennenswerte Unterschiede. Das Ranking wird von Österreich angeführt. Bei den Alpenurlaubsreisen aus Deutschland ist Österreich deutlich der Marktführer. Diese Position zeigt sich auch hier. Auf einem ebenfalls hohen Einzigartigkeits-Level befinden sich die bayrischen Alpen. Schweiz und Südtirol nehmen eine mittlere Position ein, Trentino und französische Alpen sind eher austauschbar. Das heisst nicht, dass das Trentino keine schöne Urlaubsregion oder kein international bekanntes Ziel ist. Es zeigt vielmehr, dass jene Deutschen, die ziemlich sicher planen das Trentino zu besuchen, einfach mehr Alternativen im Kopf haben als z. B. die potenziellen Besucher der bayrischen Alpen.

Einzigartigkeit bedeutet nicht zwangsläufig auch ein grosses Potenzial im deutschen Markt. Aber die in Abbildung 3 dargestellten Daten zeigen eine deutliche positive Beziehung zwischen Einzigartigkeit und Potenzial (Interesse einen Urlaub dort verbringen zu wollen).

Abbildung 3: Nachfragepotenzial und relative Einzigartigkeit von verschiedenen Alpendestinationen

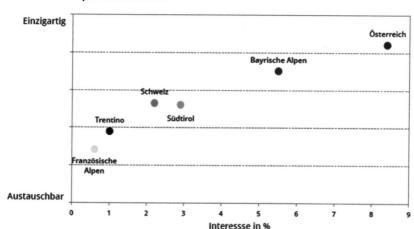

Einzigartigkeitswert = 100 / Kreuzpotenzial für andere Alpendestinationen. Interesse = Potenzial innerhalb der Bevölkerung (lt. Tabelle 1). Basis: Deutschsprachige Bevölkerung, 14+ Jahre

Quelle: RA 2015-2017 *face-to-face* (kumulierte Daten)

8   Konkurrenzsituation der Schweiz

Betrachten wir abschliessend noch die Konkurrenzdestinationen für die Schweiz. Offensichtlich ist für deutsche Urlauber die Schweiz innerhalb des Alpenraumes und über diesen hinaus nicht alternativlos; bei ihren weiteren Urlaubsvorlieben, neben der Schweiz, werden drei wesentliche Destinationsgruppen deutlich:

- **Alpenziele**, in der Reihenfolge Österreich (48% aller Schweizinteressenten planen auch ziemlich sicher einen Österreichurlaub), Bayern (31%), deutlich geringer auch italienische (13%) und französische Alpengebiete (9%);
- **Strandziele am Mittelmeer** (vor allem Italien, Spanien, Frankreich, weniger Griechenland oder Türkei) oder an den deutschen Küsten (Schleswig-Holstein, Mecklenburg-Vorpommern),
- **Fernziele** (ausserhalb Europas und des Mittelmeerraumes; 27%)

Was also für die Alpen insgesamt gilt, scheint noch ausgeprägter auf die Schweiz zuzutreffen: Sie steht auf dem deutschen Markt in besonderem Masse in einem globalen Wettbewerb.

9 Diskussion

In diesem Beitrag betrachteten wir die Einzigartigkeit und die Substituierbarkeit der alpinen Destinationen definiert durch die Zielpräferenzen deutscher Touristen. Ein Land hat eine Alleinstellung, weniger Konkurrenz und somit eine bessere Position im Tourismus-Marketing, wenn seine potenziellen Kunden nicht eine Vielzahl von möglichen Alternativen sehen. Die Alpen-Interessenten sehen eine ganze Reihe von Alternativen innerhalb und ausserhalb des Alpenraumes. In ihrem consideration set (Um & Crompton, 1999) gibt es durchaus Auswahl, sie sind multi-optional und in gewisser Weise sprunghaft (Sonntag, 2006). Auch bei der Reisezielwahl ist für viele Abwechslung, etwas Neues kennenlernen, ein wichtiges Motiv („variety seeking", vgl. Lattin & McAlister, 1985).

Die hier für die Alpen vorgestellten empirischen Erkenntnisse zeigen:

- Im deutschen Markt gibt es in naher Zukunft (noch) ein grosses Potenzial für die Alpen Destinationen.
- Dieses gilt obwohl die Region in einem starken internationalen Wettbewerb mit anderen Destinationen, wie maritimen Zielen am Mittelmer, an Nord- und Ostsee oder gar Fernzielen, steht.
- Auf einer geographisch niedrigeren Ebene gibt es in den Alpen einen starken Wettbewerb untereinander.

Rückläufige Marktanteile für die Alpen, wie es sie auf dem deutschen Markt seit vielen Jahren gibt, haben ihre Ursachen also weniger in einer allgemeinen Abneigung der deutschen Touristen gegenüber den Alpen sondern eher in der Vielzahl ihrer Interessen und den immer wachsenden Möglichkeiten, diesen auch nachzugehen. Für das Marketing ist diese Konstellation kein Trost. Aktuellen Nachteilen oder fehlender Zuneigung könnte man mit Aktion und Kommunikation irgendwie begegnen. Die simple Erkenntnis, dass andere Mütter auch schöne Töchter haben, lässt sich aber nicht einfach in Handlungsstrategien umsetzen.

Im Marketing und speziell in der Marketingkommunikation sollte die unterschiedliche Position der Destinationen bezüglich Einzigartigkeit/Potenzial zu unterschiedlichen Massnahmen führen. Der Ausgangspunkt für die Entwicklung solcher Massnahmen ist eine eingehende Analyse des landes- oder regionsspezifischen Potenzials, einschliesslich der Struktur und Motivation der zukünftigen Besucher sowie ihres aktuellen Reiseverhaltens. Das Ziel muss sein, das Produkt oder die Destination im consideration set des Verbrauchers zu verankern und innerhalb dieses Sets als eine sehr gute Wahl beurteilt zu werden, für die es kaum eine echte Alternative gibt.

Literaturverzeichnis

Datzer, R., & Lohmann, M. (1985). Urlaubsreisen 1985. Berichtsband zur Reiseanalyse 1985. Starnberg, Studienkreis für Tourismus e.V.

DIVO (1962). Erhebungen über Tourismus: Ein Bericht über Urlaub und Reisen
der westdeutschen Bevölkerung 1954–1961. Frankfurt am Main.

DIVO (1965). Urlaubsreisen der westdeutschen Bevölkerung: Reiseintensität,
Reisegewohnheiten und Vorstellungen vom Urlaub im Zeitvergleich 1954 bis
1965. Frankfurt am Main.

Foxall, G.R. (1999). The substitutability of brands. Managerial and Decision Economics, 20, 241–257.

Hudson, S. (1999). Consumer Behavior Related to Tourism. In A. Pizam & Y.
Mansfeld (Eds.), Consumer Behavior in Travel and Tourism (pp. 7–32). New
York, Haworth.

Lattin, J.M., & McAlister, L. (1985). Using a Variety-Seeking Model of Identify
Substitute and Complementary Relationships among Competing Products.
Journal of Marketing Research, 22, 330-339.

Lohmann, M. (2009). Coastal Tourism in Germany – Changing Demand Patterns
and New Challenges. In R. Dowling & C. Pforr (Eds.), Coastal Tourism Development – Planning and Management Issues (pp. 321–342). Elmsford:
Cognizant.

Lohmann, M. (2010). Uniqueness of Tourism Destinations around the Mediterranean Sea and Consumer Preferences – Empirical Findings from Germany.
In F. Trapani & G. Ruggieri (Eds.), Integrated Relational Tourism – Territo-
ries and Development in the Mediterranean Area. Conference Proceedings
of the 3rd International Scientific Conference in Helwan, Egypt, Oct. 2009
(pp. 215–223). Palermo: Gulotta.

Lohmann, M., Sonntag, U. & Wagner, Ph. (2017). Die Reiseanalyse - Instrument
für Forschung und Marketingplanung. In: Eisenstein, Bernd (2017) (Hrsg.):
Marktforschung für Destinationen. Erich Schmidt Verlag, Berlin. S. 193-206

Lohmann, M., Schmuecker, D., & Sonntag, U. (2014). German Holiday Travel
2025. Kiel, Forschungsgemeinschaft Urlaub und Reisen.

Lohmann, M., & Wagner, Ph. (2016). Consumer Preferences and Substitutability
of Tourism Destinations in the Alps. In: Siller, Hubert J. & Zehrer, Anita
(2016): Entrepreneurship und Tourismus. Wien (Linde), S. 195–206.

Pechlaner, H., Raich, F., & Zehrer, A. (2007). The Alps: Challenges and Potentials of a Brand Management. Tourism Analysis, 12(5-6), 359–369.

Schmücker, D., Grimm, B., & Wagner, P. (2015). Summary of the findings of the
RA 2015 German Holiday Survey. Kiel, Forschungsgemeinschaft Urlaub und
Reisen.

Sirakaya, E. & Woodside, A.G. (2005). Building and testing theories of decision
making by travellers. Tourism Management, 26, 815–832.

Sonntag, U. (2006). Volatile tourism consumer = Stable tourism market? – Market
research results on the demand side of the German holiday market. In P.
Keller & T. Bieger (Eds.), Marketing Efficiency in Tourism (pp. 23–34). Berlin:
Erich Schmidt Verlag.

Swait, J., & Adamowicz, W. (2001). The Influence of Task Complexity on Consumer Choice: A Latent Class Model of Decision Strategy Switching. Journal of Consumer Research, 28(1), 135–148.

Swarbrooke, J., & Horner, S. (2007). Consumer Behaviour in Tourism (2nd ed.). Oxford: Butterworth-Heinemann.

Um, S., & Crompton, J.L. (1999). The Roles of Image and Perceived Constraints at Different Stages in the Tourist's Destination Decision Process. In A. Pizam & Y. Mansfeld (Eds.), Consumer Behavior in Travel and Tourism (pp. 81–102). New York: Haworth.

Van Osselaer, S.M.J., & Alba, J.W. (2000). Consumer Learning and Brand Equity. Journal of Consumer Research, 27, pp. 1–16.

Erfolgsfaktoren für Themendestinationen

Die Plattform «Herbert» als Beispiel für Mountainbike-Tourismus in Graubünden

Roland Anderegg, Christian Gressbach und Roger Walser

Abstract

Seit einigen Jahren befassen sich Destinationsmanagement Organisationen (DMO) mit geeigneten strategischen Geschäftsfeldern, die mehrheitlich themenspezifisch sind. Es werden Destinationsthemen aufgebaut, abgebildet und nach aussen getragen. Dadurch können sogenannte Themendestinationen entstehen, die ein entscheidendes Verkaufsargument bilden und sich in den Köpfen der Gäste einprägen lassen. Wie soll aber ein Thema in einer Destination in den Fokus rücken und anschliessend erfolgreich aufgebaut und bespielt werden? Welche Rolle spielen dabei touristische und weitere Partner innerhalb dieser Destinationen?

Die folgende Publikation beschäftigt sich mit dem Aufbau und den Erfolgsfaktoren von Themendestinationen anhand des Mountainbike-Tourismus in Graubünden. Ändernde Gästebedürfnisse und die Herausforderungen im Bündner Tourismus haben dazu geführt, dass neue Strategien entwickelt wurden. Nebst der Fokussierung auf Themen, in diesem Fall dem Mountainbike-Tourismus, sollen auch die Prozesse in der Zusammenarbeit mit den touristischen Playern neu überdacht werden. Das Beispiel «Herbert» zeigt auf, wie der Marken-wirkungsprozess aus dem Konzept 'Destinationsmanagement 3. Generation' in der Praxis umgesetzt wird.

Keywords: Prozessorientiertes Tourismusmarketing, Strategische Geschäfts-felder, Destinationsmanagement 3. Generation, Themenmanagement, Reise-motive, Content Management, Mountainbike-Tourismus

1   Prozessorientiertes Tourismusmarketing

1.1   Weiterentwicklung im Bündner Tourismus

Die touristische Entwicklung in Graubünden war in den vergangenen Jahren negativ gezeichnet vom ungünstigen CHF/EUR-Wechselkurs, dem künftigen Verzicht auf den Bau von Zweitwohnungen und den Absagen an mögliche Olympische Spiele. Eine von verschiedenen Strategien, dem entgegenzuwirken, ist die Entwicklung herausragender Produkte und Angebote, welche das weniger preissensitive Geschäft mit Kurzaufenthaltern und Reisenden anspricht (Wirtschaftsforum Graubünden, 2015). Dazu sind Themen zu besetzen und entsprechende Erlebnisse zu entwickeln, die als Reisemotive dienen.

1.2   Themen als Reisemotive

Themen werden als die Hauptsache bzw. die Hauptidee bezeichnet, welche aus einer Geschichte abgeleitet und somit kommuniziert und anschliessend durch den Empfänger als Aussage nach Hause getragen werden. (Moscardo et al., 2007) Dieser Definition zufolge baut das Thema stets auf einer Geschichte auf und wird von innen kommuniziert, sodass der Gast die zentralen Themenaussagen oder - erfahrungen als Erinnerung mitnehmen kann. Durch ein Informationsraster, welcher durch das Thema bereitgestellt wird, kann der Gast eigene Erfahrungen zum Thema entwickeln. (Moscardo et al., 2007) Somit entsteht durch ein Thema eine Verschiebung von einer Dienstleistungs- zu einer Erlebniswirtschaft, in der der Gast stärker und emotionaler involviert ist. (Pine & Gilmore, 1999) Der Bezug von Themen zu einer Destination entsteht durch die Umwelt, die Geschichte, die Lokalität oder die Kultur. Alle Geschichten und Themen, welche mit einer Destination assoziiert werden, haben einen Einfluss auf die Destinationswahl der Gäste. (Moscardo, 2010) Um zu einer erfolgreichen Themendestination zu avancieren, muss die Themenstrategie einen Kundennutzen bringen und als Wert von der Basis in der Destination, inklusive der lokalen Bevölkerung, getragen werden. Neben den Gästebedürfnissen ist die regionale Wertebasis zu identifizieren. Die thematische Produktentwicklung soll als Innovationsstrategie zur regionalen Entwicklung dienen. Als Quelle der Innovationen werden die Kernkompetenzen und identitätsstiftenden Werte aller regionalen Akteurinnen und Akteure im Bereich Tourismus betrachtet. (Pechlaner et al., 2005) Der Einzug von spezifischen Themen in Destinationen hat veranlasst, dass heutzutage Reiseziele durch Reisemotive ersetzt werden. Bezüglich der Angebotsgestaltung und touristischen Vermarktung kommen dabei gewaltige Herausforderungen auf die Destinationen zu (Engl, 2016):

- Emotionale Bedeutung ersetzt geografische Bekanntheit.
- Reiseziele werden ohne daran gekoppelte Reisemotive wertlos.
- Informationen werden weniger wichtig sein als Empfehlungen.
- Inspiration wird durch eine unmittelbare Buchungsoption ersetzt.

Diese Trends bedeuten, dass Themen in Destinationen als Produkte entwickelt und verkauft werden und sich die Vermarktung an neuen Prozessen orientiert.

1.3 Strategische Geschäftsfelder in Destinationen

Um Destinationsthemen zu bestimmen, müssen die strategischen Geschäftsfelder (SGF) einer Destination klar sein. Bei strategischen Geschäftsfeldern in Destinationen handelt es sich um Planungs- und Handlungseinheiten, wodurch der praktizierte Ansatz der geografischen Abgrenzung zum Teil durchbrochen wird. (Beritelli et al., 2013) In Tourismusdestinationen sind strategische Geschäftsfelder meistens Themen, welche die Destination durch die erwähnte Handlungsstrategie besser positionieren lassen. Falls eine Destination ein extrem starkes strategisches Geschäftsfeld vorzuweisen hat, wird sie mit diesem Thema assoziiert und somit als Themendestination wahrgenommen.

Strategische Geschäftsfelder charakterisieren sich durch drei Eigenschaften. Erstens hat jedes strategische Geschäftsfeld seine eigenen Ströme von Reisenden. Zweitens ist bei jedem strategischen Geschäftsfeld die räumliche und zeitliche Verteilung unterschiedlich. Und drittens hat jedes strategische Geschäftsfeld eine andere Dynamik und Veränderungsgeschwindigkeit aufgrund der Gäste und folglich auch der Leistungsanbietenden. (Beritelli et al., 2013) Eine grössere Destination kann somit anhand verschiedener Themen territorial unterteilt werden und sich innerhalb der Destination differieren und ungleiche Themenschwerpunkte setzten. Diese Unterteilung ermöglichte es ebenfalls örtliche Überlappungen von unterschiedlichen Interessensgruppen zu vermeiden. Zusätzlich kann eine Destination im gleichen Raum zu verschiedenen Zeiten (z.B. Sommer/Winter) unterschiedliche Themen bespielen. Diese zeitliche Differenzierung bietet sowohl für kleinere Destinationen, als auch für grössere Destinationen neue strategische Handlungsfelder. Dass ein strategisches Geschäftsfeld zu einem wahrzunehmenden Destinationsthema avanciert, sind im prozessorientierten Tourismusmarketing die Schritte von der Angebotsentwicklung über den Verkauf bis zur Kundenbindung abzudecken.

1.4 Destinationsmanagement 3. Generation

Das Erzeugen von Aufmerksamkeit und Interesse für ein Destinationsthema muss zukünftig mit der Erstellung von konkreten Produkten und Buchungsmöglichkeiten einhergehen. In diesem prozessorientierten Tourismusmarketing sind die Aufgaben der einzelnen Partner innerhalb eines Themas destinationsübergreifend zu teilen. Den schnell wandelnden Kundenbedürfnissen ist mit gut organisierten Angebotsnetzwerken entgegen zu treten anstatt in klassischen Destinationsstrukturen zu verharren.

Im Konzept des Destinationsmanagement 3. Generation wird der Prozess in die Schritte Produktentwicklung, Aufmerksamkeitsgenerierung, Bedürfniserweckung, aktiver Verkauf, Buchung, Serviceerbringung bis zur Stammkundenbetreuung unterteilt. (Bieger et al., 2011)

Die aktuellen Modelle des Destinationsmanagements stellen Angebots- und Nachfragenetzwerke gegenüber. Der Systemkopf steuert in einer Destination respektive in einem Thema die Prozesse im Angebotsnetzwerk. Der Systemkopf initiiert und koordiniert angebotsseitig die themenspezifischen Aktivitäten und sichert dadurch ein attraktives Marktangebot. Als Leader des Angebotsnetzwerks ist er Kümmerer und Enabler für die anderen Anbieter und der Erfolg des Angebotsnetzwerks hängt massgeblich vom Systemkopf ab. Der Systemkopf sichert auch den Anschluss zu Portalen, welche den Zugang zu spezifischen Kundensegmenten haben. (Beritelli et al., 2013)

Auf der anderen Seite des Systems befindet sich das Nachfragenetzwerk, welche durch sogenannte Market Mavens bearbeitet werden. Als Teil des Nachfrage-netzwerks steuert der Market Maven die Informationsverteilung innerhalb des Nachfragemarktes und beeinflusst die Entscheidungsfindung möglicher Gäste. (Bieger et al., 2011)

2 Entwicklung des Mountainbike-Tourismus in Graubünden

2.1 Das Förderprojekt graubündenBIKE

Der Trend zum Aktivurlaub und die starke Initiative 'Schweiz Mobil' veranlassten das Amt für Wirtschaft und Tourismus des Kantons Graubünden zusammen mit der Fachstelle für Langsamverkehr im Jahre 2010 das Projekt 'graubündenBIKE' zu starten. Die Initianten wollten diesen zunehmend wichtigen Teil des touristischen Sommerangebotes nachhaltig fördern und weiterentwickeln, mit dem Ziel, die Wertschöpfung zu erhöhen und langfristig zu sichern.

Die übergeordnete Vision wurde im Grundlagenkonzept (Cazin, 2009) wie folgt beschrieben: «Graubünden soll langfristig zum führenden Mountainbike-Anbieter werden, als eine der vielfältigsten Mountainbike-Regionen mit den besten Trails und der umfassendsten Erschliessung mit öffentlichen Verkehrsmitteln und Bergbahnen. Diese Entwicklung soll für die Tourismusdestinationen und die Leistungsträger neue Wertschöpfung generieren.»

Bis zum Projektende im Jahre 2015 wurden 30 Massnahmen in den Haupt-bereichen Infrastrukturen, Marketing und Transporthilfen umgesetzt. Die Projektkosten beliefen sich auf gesamthaft CHF 3.6 Mio. inklusive Eigenleistungen der Beteiligten (Stirnimann, 2015). Dabei wurde das generierte Knowhow in einem

Handbuch mit 35 Beiträgen und Handlungsanleitungen festgehalten. Eine dieser Massnahmen war im Jahre 2013 die Lancierung der jährlich stattfindenden Fachkonferenz 'RIDE Mountainbike Kongress' in Chur.

Das Beispiel des Projektes 'graubündenBIKE' zeigt, welche Vorarbeit geleistet werden muss, damit sich eine Region nachhaltig in einem Thema positionieren kann. Entscheidend dabei war, das Mountainbike-Knowhow aufzuarbeiten und im Kanton über eine längere Zeit zu teilen.

2.2 Die Mountainbike-Community und ihre Bedürfnisse

Die Befragung der Mountainbike-Gäste in Graubünden hat gezeigt, dass 'Landschaft und Natur' sowie 'Gesundheit und Fitness' eindeutig die wichtigsten Motive sind. (Fachstelle für Langsamverkehr Graubünden, 2016). Rund die Hälfte der befragten Gäste ordnen sich selber den naturorientierten Touren-Bikern, knapp 30 % den genussorientierten Radwanderern und 15 % den abwärtsorientierten Freeridern und Endurofahrern zu.

Rund drei Viertel der Mountainbike-Gäste in Graubünden sind aus der Schweiz. Knapp 80 % der Mountainbikerinnen und -biker kommen als Übernachtungsgäste nach Graubünden. Die Tagesausgaben betragen laut der Befragung CHF 85 für Unterkunft, CHF 50 für Essen und Trinken, CHF 25 für Bergbahnen und CHF 15 für öffentlichen Verkehr. Der Mountainbike-Markt besteht somit aus einer stabilen Gästegruppe, welche einen wichtigen Beitrag zur Stärkung des Ganzjahrestourismus in Graubünden liefert (Fachstelle für Langsamverkehr, 2016).

Folgende Zukunftsperspektiven in der Entwicklung des Mountainbike-Tourismus werden als Treiber betrachtet (Giger, 2014):
- Der Mountainbikesport wird weiter an Bedeutung gewinnen.
- Die Bedeutung von Wettkämpfen nimmt weiter ab.
- Die Altersverteilung im Mountainbikesport wird breiter (d.h. die Fahrer immer jünger und älter).
- Das fahrtechnische Können der Mountainbikerinnen und -biker wird weiter zunehmen.
- Das Freeride-Segment wird weiter wachsen.
- Der Bergbahntransport wird endgültig salonfähig.
- Der Elektromotor wird im Mountainbikesport Einzug halten.

3 Das Projekt «Herbert» als Beispiel einer Themendestination

3.1 Kooperationsprogramm als Treiber

Die Bündner Regierung hat das Kooperationsprogramm im Bündner Tourismus von 2014 - 2021 eingeführt, um den angesprochenen Herausforderungen im Tourismus im Kanton Graubünden erfolgreich zu begegnen. (AWT, 2015) Dieses Innovationsprogramm strebt nachfolgende Ziele an:

- Die Wettbewerbsfähigkeit des Bündner Tourismus ist nachweislich gestärkt.
- Die Position in den Märkten ist ausgebaut.
- Die Mehrwerte der Kooperationsprojekte und Systemvorteile sind nachweisbar.
- Die Destinationen und Standorte funktionieren verlässlich und sind weiter profiliert.
- Die strategische und operative Führung (Governance) im Bündner Tourismus schafft Mehrwerte.

Das erste Projekt, das aus diesem Kooperationsprogramm 2016 lanciert wurde war die Mountainbike-Plattform «Herbert». Dass ausgerechnet dieses Thema als touristisches Projekt finanziell gefördert wird, wurde anlässlich der Lancierung wie folgt erklärt: (Caflisch, 2016)

Das Projekt «Herbert»

- baut auf dem Projekt 'graubündenBIKE' auf
- ist privatwirtschaftlich getragen (Eigentümer ist die Firma Swiss Sports Publishing)
- ist destinationsübergreifend konzipiert
- fokussiert auf willige und aktive Partner
- orientiert sich an den Gästebedürfnissen
- vernetzt verschiedene Mountainbike-Anbieter
- trägt zur Mountainbike-Positionierung von Graubünden bei
- stärkt das touristische Gesamtsystem

3.2 Aufbau der Themendestination «Herbert»

«Herbert» kann als nächste Stufe des Projektes 'graubündenBIKE' betrachtet werden. Aufbauend auf der Basisarbeit in den Bereichen Infrastrukturen, Bergbahntransporten und Wissensbildung konzentriert sich die neue Plattform stark auf die Angebotsentwicklung, die Kommunikation, den Verkauf und das Operating im Thema 'Mountainbike' für Graubünden

Abbildung 1:

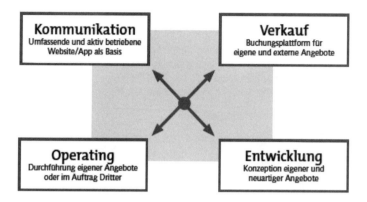

Quelle: Herbert (2016)

3.3   Das Partnernetzwerk und die entsprechende Aufgabenteilung

Im Gegensatz zum klassischen Destinationsmanagement vollzieht «Herbert» einen Perspektivenwechsel. Das Erlebnis des Gastes ist das zentrale Element allen Handelns. «Herbert» ist nicht an territoriale Grenzen gebunden, er muss dadurch nicht allen Anspruchsgruppen gerecht werden und keine Balance zwischen unterschiedlichen Zielgruppen finden. «Herbert» ist mit Herz und Blut ein Mountainbiker und kann dieses eine Thema konsequent und authentisch bearbeiten. (Giger, 2016)

Abbildung 2:

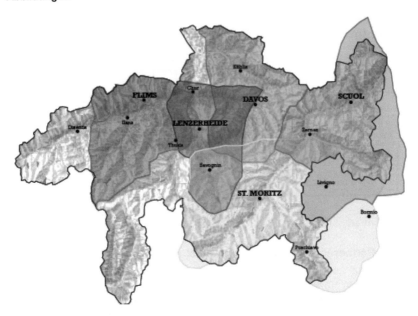

Quelle: (Herbert 2016)

«Herbert» ist Teil des Medienunternehmens Swiss Sports Publishing, das sich seit Jahren auf den Mountainbikesport spezialisiert hat. Die Themenplattform agiert destinationsüber-greifend und hat 2016 das Kooperationsmanagement der Marke 'graubündenBIKEHOTEL' von Graubünden Ferien übernommen und weiterentwickelt. (Herbert, 2016)

3.4   Angebotsentwicklung und Storytelling als Erfolgsfaktoren

Als Systemkopf für das Thema Mountainbike in Graubünden steuert «Herbert» das Angebotsnetzwerk aus graubündenBIKE-Hotels, Bahnen und Bikeguides. Gleichzeitig agiert «Herbert» in einer ganz engen Zielgruppe der Mountainbiker als Market-Maven. Eine entscheidende Rolle spielt dabei das Storytelling rund um den Mountainbikesport. Der Wissensvorsprung in Bezug auf Angebote, Events und Trends fliesst aus dem Medienunternehmen in die Themenplattform ein und wird mit Unterstützung von Produktmanagern und Knowhow-Trägern aus den einzelnen Destinationen ergänzt. Als Teil eines Medienunternehmens sind die Geschichten von «Herbert» gut recherchiert und in Wort und Bild umgesetzt.

Die Informationsverteilung bei den potentiellen Kunden organisiert «Herbert» über die eigene Webseite (www.herbert.bike), über die sozialen Medien (Facebook und Instagram) und über das RIDE Magazin, das ebenfalls zum Verlag gehört.

Zusätzlich zum einseitigen Storytelling praktiziert «Herbert» ein Storyinvolving. Mittels des RIDE Kongresses, diverser Events und Umfragen bei den Mountainbikerinnen und -bikern involviert er die Zielgruppe in seine Geschichten. Der Aufbau einer starken Mountainbike-Community im Bereich der Kundenbindung ist ebenfalls Ausdruck des fokussierten Storyinvolvings durch «Herbert».

4 Aufgabenteilung im Markenwirkungsprozess

Moderne Ansätze des Destinationsmanagements lösen sich vom Territorialprinzip und stark strukturell geprägten Ansätzen. Der Fokus der neuen Destinations-konzepte liegt in Zukunft deshalb vermehrt auf funktionsfähigen und durchgehenden Marketingwirkungsprozessen, die von Destinationen und Leistungserbringern geteilt werden, wie nachstehende Darstellung zeigt (Bieger et al., 2011)

Abbildung 3:

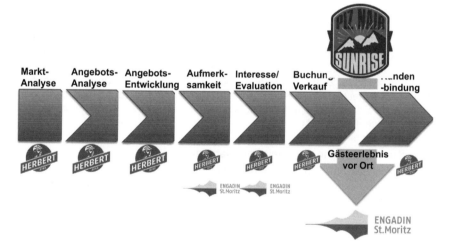

Quelle: Eigene Darstellung in Anlehnung an (Bieger et al., 2011)

4.1 Markt- und Angebotsanalyse sowie Angebotsentwicklung

«Herbert» ist ein Opinion-Leader in der Mountainbike-Community und kennt entsprechend die Bedürfnisse der Zielgruppe. Zudem hat die Firma Swiss Sports Publishing eine gute Übersicht über die Angebote im Mountainbike-Tourismus. Die Themenplattform «Herbert» entwickelt eigene Angebote und vermittelt ebenfalls Angebote von Drittanbietern für eine ganzheitliche Entwicklung des gesamten Produktes.

4.2 Aufmerksamkeit und Interesse/Evaluation sowie Buchung/Verkauf

In der Kernszene der Mountainbiker ist «Herbert» gut eingeführt. Allerdings ist die kommunikative Reichweite von «Herbert» noch bedeutend schwächer als jene von etablierten Destinationen. Damit sich der Gast richtig entscheidet, braucht es nebst neuen Angeboten eine solide Infrastruktur von den Destinationen und den Hotels sowie starke Marken wie Graubünden, Davos, Engadin St. Moritz oder Lenzerheide. «Herbert» ist als Buchungsplattform konzipiert und tritt als Portal für den Mountainbike-Tourismus auf. Erfolgsfaktoren dabei sind generierte Inhalte, welche das Knowhow im Thema spiegeln und eine Vielzahl von buchbaren Angeboten, die zusammen mit den Leistungsträgern entwickelt werden.

4.3 Gästeerlebnis vor Ort

Für das Gästeerlebnis vor Ort sind die Partner von «Herbert» verantwortlich. Das «Herbert»-Angebot 'Piz Nair Sunrise' ist in eine komplette Dienstleistungskette mit zahlreichen Leistungsträgern eingebunden, wie Hotels, Bergbahnen, Restaurants, Bikeshops und weiteren. Für die Weginfrastrukturen vor Ort sind in den meisten Fällen die Gemeinden verantwortlich. Die Erlebnisinszenierung einer Destination trägt entscheidend zum Gästeerlebnis bei. Dabei soll eine zielgruppenorientierte Atmosphäre geschaffen werden, welche unter anderem auch die Besucher-lenkung, die Szenerie und das Wohlfühlmanagement im gewählten Thema abdeckt (Müller & Scheurer, 2004).

4.4 Kundenbindung und Weiterempfehlung

Ein langfristiges Ziel von «Herbert» ist der Aufbau einer starken Community im Mountainbike-Tourismus. Gut recherchierter Content übernimmt dabei die Rolle der emotionalen Ansprache und wird auf der Website und im Social-Media-Marketing gezielt eingesetzt. Mit jedem buchbaren Angebot und jedem Event wächst die Kundenbasis dieser Plattform.

«Herbert» will die Gäste nicht statisch immer in den gleichen Destinationen halten, sondern mit einer ausgewogenen Angebotspalette im ganzen Kanton Graubünden zum Rotieren animieren. Es geht darum, den Gast in erster Linie an das Thema Mountainbike zu binden und erst in einem zweiten Schritt an die Destination. Im Mittelpunkt stehen ganz klar das Gästeerlebnis und die entsprechende Weiterempfehlung durch die aktiven Nutzer einer Community und durch soziale Beeinflusser.

5 Erkenntnisse zur Umsetzung von Themendestinationen

Folgende Punkte sind zusammengefasst von Bedeutung bei der Themen-Implementierung in entsprechenden Destinationen:

1. Die Grundlagenarbeit im Thema kommt vor der Vermarktung

Grundsätzlich könnte jede Destination in den Alpen propagieren, eine anerkannte Mountainbike-Destination zu sein. Mit genügend Kommunikationsmitteln würde kurzfristig auch eine Kundschaft gefunden werden. Das Projekt 'graubündenBIKE' hat aber gezeigt, dass zuerst die Grundlagenarbeit an Infrastruktur, Unterkünften und Transport gemacht werden muss. Des Weiteren soll das Knowhow in einem Thema auf breiter Basis abgestützt und geteilt sein.

2. Die regionale Wertebasis bei Themenentscheidungen muss berücksichtigt werden

Zusätzlich zu Infrastruktur, Unterkünften und Transport sowie dem Knowhow in der Destination muss die regionale Wertebasis gewährleistet sein. Die Werte des Mountainbikesports als ruhige und doch dynamische und technische Outdoor-Aktivität passen zu Graubünden und deren Bevölkerung. Für eine der grössten Tourismus- und Freizeitregionen der Schweiz ist ein nicht ortsgebundenes Freizeitangebot für unterschiedliche Altersklassen als Thema prädestiniert.

3. Funktionen und Prozess lösen territoriale Ansätze ab

Ein stark struktureller Ansatz im Destinationsmanagement mit einer territorialen Sichtweise ist zu statisch für die rasch ändernden Kundenbedürfnisse. In einem Thema muss der Marketingwirkungsprozess in einzelne Schritte aufgebrochen und innerhalb des Angebotsnetzwerks koordiniert werden. Als Systemkopf im Angebotsnetzwerk bieten sich Anbieter oder Leistungsträger an, die sich auf Themen spezialisiert haben und nicht zwingend als klassische Tourismus-unternehmen bekannt sind.

4. Vom zentralen Geldtopf für alles zu einer themenspezifischen Finanzierung

Neue Akteure wie beispielsweise ein Systemkopf übernimmt eine zentrale Rolle mit klaren Aufgaben und Zielen, die mit einer entsprechenden Finanzierung sowohl via bestehende Destinationsmanagement Organisationen als auch den privaten Leistungsträger verbunden sind. Das Spannungsfeld vom Aufbau eines strategischen Geschäftsfeldes mit den benötigten finanziellen Mitteln hin zu sich selbstfinanzierenden Angeboten und entsprechenden Mittelrückflüssen gilt es zu beachten und mitzutragen.

5. Die Bedeutung von Reisemotiven nimmt in der Erlebnisgesellschaft zu

Der Gast interessiert sich nicht mehr länger nur für eine Destination, sondern viel mehr für ein Thema, das ihn fesselt. Wenn es gelingt mit Angeboten und Events tolle Geschichten und Inhalten zu entwickeln, dann stehen die Chancen gut, dass daraus Reisemotive entstehen. Zudem ist es von Bedeutung, den Gast in die Geschichte des Themas zu involvieren (von Storytelling zu Storyinvolving).

6. Starke Marken und Reichweite sind in der Kommunikation entscheidend

Themenplattformen wie «Herbert» werden in Zukunft von begehrenswerten Destinationsmarken und deren Reichweite in der Kommunikation abhängig sein. Zudem braucht es einige Jahre bis eine neue Themenmarke etabliert ist. Eine enge Zusammenarbeit mit den klassischen Destinationsmanagement Organisationen ist daher unerlässlich.

7. Die Dienstleistungskette vor Ort muss stimmen

Vor Ort muss der Gast in einer Themendestination auf eine komplette Dienstleistungskette treffen. Der Qualitätssicherung und der Inszenierung kommt dabei eine besondere Bedeutung zu, wenn es darum geht, das Gästeerlebnis zu optimieren und den Gast an ein Thema zu binden.

8. Von Mountainbikern für Mountainbiker ist das Credo

Ungewöhnlich und im Tourismus neu ist die Personifizierung. Die Personifizierung definiert, dass «Herbert» ein Mountainbiker und keine Destination ist. Und der Tourismus ist ein People-Business, so entstand «Herbert» als der Kumpel eines jeden Mountainbikers (Giger, 2016). Im Umkehrschluss bedeutet es, dass Angebote im Mountainbike-Tourismus nur von Mountainbikern selber entwickelt werden können, damit sie bei der Zielgruppe glaubwürdig sind.

Literaturverzeichnis

AWT (2015): Wegweiser zum Tourismusprogramm Graubünden 2014 bis 2021. Chur: Amt für Wirtschaft und Tourismus Graubünden

Bieger, T., Laesser, C., Beritelli, P. (2011): Destinationsstrukturen der 3. Generation – Der Anschluss zum Markt. St. Gallen: Institut für systemisches Management und Public Governance (IMP-HSG), Universität St. Gallen

Beritelli, P., Laesser C., Reinhold, S., Kappeler A. (2013): Das St. Galler Modell für Destinationsmanagement. St. Gallen: Institut für systemisches Management und Public Governance (IMP-HSG), Universität St. Gallen

Caflisch, M. (2016): Referat zur Lancierung der Mountainbikeplattform Herbert: Amt für Wirtschaft und Tourismus Graubünden, März 2016. Davos

Cazin, D. (2009): Konzept Graubünden Bike. Pontresina: Allegra Tourismus

Engl, C. (2016):   Essay: Wenn Reiseziele durch Reisemotive ersetzt werden. Nürnberg: Brand Trust GmbH

Fachstelle für Langsamverkehr Graubünden (2016): Handbuch graubündenBIKE, Analyse 2.211, Befragung der Mountainbike Gäste 2015. Chur

Giger, T. (2014): Perspektiven im Mountainbike Tourismus. Davos: Swiss Sports Publishing GmbH

Giger, T. (2016): Referat am Ride Kongress: Themen statt Destinationen, Oktober 2016. Chur

Herbert (2016): Business Plan Herbert. Davos: Swiss Sports Publishing GmbH

Moscardo, G., Ballantyne, R. & Hughes, K. (2007): Designing Interpretive Signs: Principles in Practice. Denver: Fulcrum

Moscardo, G. in Morgan, M., Lugosi, P. & Brent Ritchie, J.R. (2010): The Tourism and Leisure Experience: Consumer and Managerial Perspectives. Bristol: Channel View Publications

Pechlaner, H., Fischer, E., Hammann, E. (2005): Leadership and Innovation Process-Development of Products and Services Based on Core Competences, in: Journal of Quality Assurance in Hospitality and Tourism, Vol. 6 (3/4), S. 31-59

Müller, H. & Scheurer, R. (2004), Tourismus-Destinationen als Erlebniswelt. Ein Leitfaden zur Angebotsinszenierung. Bern: FIF Universität Bern

Pine, B.J. & Gilmore, J.H. (1999): The Experience Economy. Boston: Harvard Business School Press

Stirnimann, P. (2015): graubündenBIKE für gemeinsame (Langsamverkehrs-) Wege, Info-Bulletin, Velokonferenz Schweiz. Biel

Wirtschaftsforum Graubünden (2015): Strategien für Bündner Tourismusorte, Unterstützt vom Staatssekretariat für Wirtschaft SECO. Chur

„Digitalisierung – Chancenpotenziale für den alpinen Tourismus"

Daniel Fischer, Annika Herold

Abstract

Die Digitalisierung ist heutzutage in aller Munde und übernimmt weite Teile der Arbeitswelt. Auch vor dem Tourismus wird kein Halt gemacht, sodass viele traditionelle Geschäftsmodelle vor Herausforderungen gestellt werden. Die Destinationen können die Digitale Transformation bewältigen, wenn sie zuerst intern ihre Strukturen und Jobprofile anpassen. Anschliessend muss die Customer Journey anhand der Perspektive „outside-in" gestaltet werden, indem die Online- und Offline-Kontaktpunkte nahtlos miteinander verbunden werden. Trotz des technologischen Fortschritts darf der Gegentrend zur Digitalisierung, die „Emotionalisierung", nicht vergessen werden. Die beiden Trends zu balancieren bleibt die grösste Herausforderung.

Keywords: Digitalisierung, Transformation, Customer Journey

1 Einführung

Digitalisierung – man kann heutzutage nicht nicht teilnehmen. Sie findet in allen Gesellschaftsbereichen statt, sodass sich auch das die Tourismusindustrie vernetzen muss. Die digitale Transformation stellt einerseits viele Destinationen vor Herausforderungen, bietet gleichzeitig aber auch Chancen, die es gilt, auszunutzen.

Oftmals sind die genauen Begriffe „Digitalisierung" und „Digitale Transformation" aber unklar und für viele zu abstrakt. Auch sind die Definitionen in der deutschen Sprache nicht so eindeutig wie in der englischen, wodurch die Digitalisierung oftmals missverstanden wird; daher sollte eindeutig differenziert werden zwischen:

„**Digitization**": Die reine Umwandlung von analog zu digital, bspw. wird ein Papierticket erhältlich auf einer App. Eine Cloud sammelt währenddessen die Daten, sodass Benutzer Informationen und das Ticket in Echtzeit erhalten können.

„**Digitalization/Digitalisierung**": Eine „Disruption" der üblichen Geschäftsmodelle, Produkte und Dienstleistungen. Daten werden bspw. via eine App gesammelt, währenddessen finden Echtzeitanalysen statt, Benutzer erhalten Informationen und können sich gleichzeitig mit anderen Nutzern austauschen. Unternehmen nutzen dann diese Daten für weitere Prozesse und um die Produkte und Dienstleistungen zu verbessern. Für Destinationen bedeutet dies, dass bei der „Digitalisierung" nicht nur über die Einführung von Apps gesprochen wird, sondern von der kompletten **digitalen Transformation** innerhalb eines Unternehmens. Die digitale Transformation ist dementsprechend „ein **Veränderungsprozess für Unternehmen,** ausgelöst durch die Digitalisierung und die damit verbundenen Implikationen für Unternehmen, mit dem Ziel, Kundennutzen und Performance zu steigern"[1]. Wichtig ist zu verstehen, dass die Digitalisierung nicht nur ein weiterer Verkaufskanal für Destinationen und Unternehmen darstellt. Die Digitalisierung ist auch nicht nur eine weitere Teilstrategie, sondern ein **Bestandteil der Unternehmensstrategie** und gleichzeitig ein **Bestandteil der Produktentwicklung.** Die Tourismusbranche muss das Bewusstsein dafür erlangen, dass es nicht nur eine digitale Strategie braucht, sondern eine **Geschäftsstrategie für das digitale Zeitalter**[2].

Für eine digitale Transformationen sind die Strukturen im Schweizer Tourismus und in den Destinationen derzeit aber noch zu schwerfällig und digitale Initiativen erschöpfen sich oftmals in isolierten Projekten, wie der Lancierung einer App oder einer Social-Media-Kampagne. Auch ist die Digitalisierung häufig noch nicht in den Köpfen der Geschäftsleitung und Mitarbeiter verankert. Die Destinationen müssen allerdings immer mehr das Bewusstsein für die Digitale Transformation erlangen und in dieser „fit werden". Wer nicht schnell genug agiert und sich zu spät auf die Digitalisierung einstellt, läuft Gefahr, von den innovativen Modellen wie Airbnb (noch mehr) angegriffen zu werden[3].

Die weiteren Kapitel nehmen sich der Herausforderung an, das **Bewusstsein für die Digitalisierung zu schärfen** und **Ansatzpunkte für eine erfolgreiche Transformation** zu geben.

2   Digitale Destinationen

Was braucht eine digitale Destination? Zuerst sollte der Fokus auf die Transformation gelegt werden. Da die **Digitalisierung** auch in das **kulturelle Selbstverständnis von Unternehmen eingreift**, ist nicht vorgängig die digitale Technologie erfolgsentscheidend, sondern vielmehr die **Wandlungsfähigkeit von Unternehmen,** bzw. DMO's. Bei der digitalen Transformation macht nur ca. 10-20% das *Digitale* aus, während für 80-90% die *Transformation* entscheidend ist. Um allerdings

---

[1]   Bericht vom Institute of Brand Logic, 2016
[2]   Bericht von PwC Schweiz, Google Switzerland GmbH und digitalswitzerland, 2016
[3]   Bericht von PwC Schweiz, Google Switzerland GmbH und digitalswitzerland, 2016

die Kultur im Unternehmen bzw. in einer Destination zu verändern, muss der Kontext für die Mitarbeiter neu gestaltet werden, d.h. in der Führung, den Prozessen, den Technologien, den kommunikativen Strukturen etc.[4]. Ein Prozess in einem digitalen Unternehmen könnte folgendermassen aussehen:

Abbildung 1:   Strukturen in Unternehmen[5]

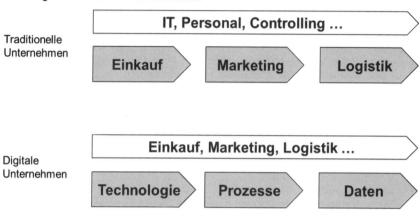

Merkmale, welche **digitale Unternehmen auszeichnen**, sind unter anderem folgende:

- Flache Strukturen ohne Mittler, statt hierarchischer Strukturen, werden benötigt
- Die Wertschöpfungskette wird vertikalisiert
- Offene Wertschöpfungsnetzwerke statt geschlossene Unternehmen
- Unternehmen sind agil, flach organisiert, integriert und vernetzt
- Schnelle Planung, Entscheidung und rasches Umsetzen
- Ständiges Lernen in kurzen, iterativen Zyklen
- Sie investieren viel Zeit in die Erforschung des Kundenverhaltens, um ein tiefgründiges Verständnis der Kernnutzen für Kunden zu verstehen; die Perspektive ist „outside-in"
- Sie arrangieren alle Kundeninteraktionen entlang ihrer Customer Journey (s. nächstes Kapitel)
- Es gibt interdisziplinäre Teams, funktionale starre Silos werden aufgelöst
- Freiräume für kreatives Schaffen werden zur Verfügung gestellt
- Investitionen in Technologie werden getätigt
- „Die Kundenresonanz wird zum alles entscheidenden Gradmesser"[67]

---

[4]   Bericht vom Institute of Brand Logic, 2016
[5]   Basierend auf dem Bericht vom Institute of Brand Logic, 2016
[6]   Bericht vom Institute of Brand Logic, 2016
[7]   Referat Roland Schegg, VSTM 2015

Charakteristika von Unternehmen, welche die **Digitalisierung nicht bewältigen können**, sehen hingegen folgendermassen aus:

* Ausgeprägte Hierarchien
* Entscheidungen haben langwierig viele Hierarchiestufen zu durchlaufen
* Investitionen benötigen einen langen Planungsvorlauf
* Digitale Initiativen erschöpfen sich in isolierten Projekten (eine App, einzelne Social-Media-Kampagne, etc.)

Speziell für Destinationen und DMO's bedeutet dies, dass sowohl die Aufgaben erweitert werden müssen und sich gleichzeitig auch die Anforderungen verändern, inkl. der Berufsbilder im Tourismus. Automatisierung, Individualisierung und Flexibilisierung schreiten voran, ICT (Information and communications technology) wird immer wichtiger. Der Wandel von analogen zu digitalen Geschäftsmodellen erfordert dementsprechend andere Qualifikationen. Bei den Aufgaben könnten bspw. folgende hinzukommen:

* Digitales Marketing: SEO (Search Engine Optimization), SEM (Search Engine Marketing), Display Advertising, Email-Marketing
* Dynamic online booking
* Datenmanagement
* Social Media Aktivitäten, sofern diese nicht bereits bearbeitet werden

Zusätzlich werden Experten in folgenden Bereich gebraucht:

* Data Analytics / Statistiker / Mathematiker
* Generell Netzwerker und „Komplexitätsverarbeiter"
* Softwareentwickler[8]

Gleichzeitig bedeutet der technische Fortschritt das Ende vieler Routinetätigkeiten, v.a. bei klassischen Bürotätigkeiten: Ca. 45% der heutigen Tätigkeiten sind automatisierbar und viele Prozesse in der Hotellerie, vor allem im Back Office, werden vermutlich digitalisiert und automatisiert werden.

3 Customer Journey

Nachdem die digitale Transformation innerhalb eines Unternehmens vorangeschritten ist, darf natürlich nicht die Digitalisierung in der Customer Journey vernachlässigt werden. Die **Perspektive** bei dieser lautet heutzutage „**outside-in**". Relevante Kontaktpunkte entlang der Customer Journey müssen priorisiert und gestaltet werden. Dabei müssen On- und Offline-Kontaktpunkte nahtlos miteinander verzahnt werden. Die **digitale Customer Journey** sieht dann folgendermassen aus:

---

[8]   Referat Roland Schegg, VSTM 2015

Abbildung 2:   Die Customer Journey [9]

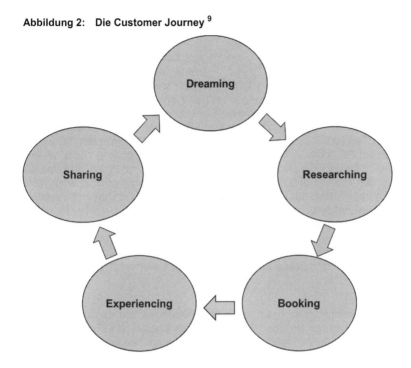

3.1   Dreaming-Phase

Die Inspiration für Privatreisen wird heutzutage meist nicht mehr in Reiseprospekten geholt, sondern durch Whatsapp-Fotos, Facebook-Posts von Freunden oder über Instagram und Pinterest. Dies stellt für klassische Händler eine Herausforderung dar, denn der Kunde ist dadurch nicht mehr sichtbar. Der digitale Händler hingegen kennt nun das mögliche Reiseziel des Kunden, das Budget und weiss, wonach der Kunde sucht. Folglich ist der digitale Händler schon im Anfangsstadium nah an der Customer Journey[10]. Durch die **Interpretation der Daten** können dann ganz einfach **Interessenprofile erstellt werden**, sodass der digitale Händler entsprechende Werbung und Angebote zusammenstellen kann, welche genau auf die Bedürfnisse des Kunden eingehen. Destinationen müssen also aufpassen, in der Dreaming-Phase nicht von den Internetriesen überholt zu werden, indem sie auf entsprechenden Websites und Apps präsent sind, um die Kunden dann später auf ihre eigenen Websites zu lotsen. Noch hat die **Tourismusindustrie**, insbesondere die **Hotellerie**, den **Vorteil**, dass sie bereits **viele Kundendaten besitzt**; diese **gilt es besser einzusetzen** – „Big Data" lautet das Stichwort.

---

[9]   Basierend auf einem Referat von Carlo Fontana, VSTM 2015
[10]   Bericht vom Institute of Brand Logic, 2016

3.2 Researching-Phase

Verschiedene Quellen berechneten, dass 74% – 85% der Freizeitreisenden das Internet als Hauptressource für ihre Reiseplanung benutzen, bei den Businessreisenden sind es ca. 77%[11],[12]. Eine regelrechte Explosion der Kommunikationskanäle hat in den letzten Jahren stattgefunden: Social Media durchdringt mittlerweile alle Zielgruppen und ist nicht mehr aus dem Marketing wegzudenken. Es wird geschätzt, dass 89% der deutschen Hotels ein Facebook-Profil und 51% einen Twitter-Account besitzen. Bereits heute ist laut einer Studie des Walliser Tourismus-Observatoriums nur eine von 49 befragten Schweizer DMO's nicht auf Facebook vertreten und 4 von 5 DMO's haben eine YouTube- und Twitter-Seite. Wer dagegen nicht auf den Social-Media-Plattformen vertreten ist, verbaut sich den Zugang zu den Millenials. Vor allem Instagram wird beliebter: 78% der DMO's nutzen Instagram im Vergleich zu nur 52% in 2014. Dies ist besonders wichtig für Destinationen mit jüngerer Kundschaft, denn für 12-19-jährige ist Instagram das am zweithäufigste genutzte Soziale Netzwerk[13]. Durch diese sozialen Medien können dann die Nutzer wiederum auf die Webseiten, welche einen Grossteil des Online-Marketing-Budgets beanspruchen, gelotst werden. NTO's, DMO's und LT müssen sich hier abstimmen: wer nutzt welche digitalen Marketinginstrumente?

Diese mediale Omnipräsenz bietet gewaltige Potenziale, die es zu nutzen gilt, auch, da digitale Beiträge weitaus günstiger sind als klassische Print-Beiträge und einen wöchentlichen Zeitaufwand von nur ca. 10 Stunden beanspruchen.

Für **Destinationen** bieten sich **3 Kommunikationsformen** für das **Marketing** an:
- Eigene Inhalte („**Owned**")
  - – Eigene Website, Facebook-Auftritt, eigene Tweets
- Organische Postings („**Earned**")
  - – Inhalte, die von Dritten ohne Einflussnahme des Unternehmens erstellt werden
  - – Postings von Hotelgästen, Freunden
  - – Gilt höherwertig als die anderen Formen, da sie als vertrauenswürdiger erscheinen
  - – Können natürlich auch negative Posts sein, die wiederum höheren Schaden anrichten können
- Bezahlte Auftritte („**Paid**")
  - – Online-Anzeigen
  - – Als „bezahltes Posting" gekennzeichnete Blogs, Reports und Artikel (Wichtig: Müssen klar gekennzeichnet sein)

---

[11]   Referat Carlo Fontana, VSTM 2015
[12]   Referat Roland Schegg, VSTM 2015
[13]   „Ungenutztes Potenzial" – htr hotel revue, 2016

Auf einem Medienkanal können die drei Formen allerdings auch gleichzeitig vorhanden sein. Dabei muss beachtet werden, dass organische Posts in der Regel nur ca. 2 – 3% der Fans erreichen, während mit bezahlten Inhalten eine grössere Reichweite und eine ca. 25% höhere Conversion Rate erreicht werden kann. Falls noch keine Social Media-Seite eingerichtet wurde, sollten Destinationen und Unternehmen mit den **beiden wichtigsten Kanälen Facebook** und **Twitter**, bzw. mittlerweile auch **Instagram**, starten. Um dies finanzieren zu können, kann immer mehr auf die traditionellen Broschüren verzichtet werden. Mit verhältnismässig bescheidenen Mitteln können demnach grosse Erfolge erzielt werden, wie die Social-Media-Aktion von Basel Tourismus im Jahr 2016 gezeigt hat.

Die Macht von Social Media darf in der Research-Phase nicht unterschätzt werden, selbst wenn eine Destination jahrelang von Stammkunden profitiert hat. **Markenloyalität gibt es nur noch, wenn die digitale Performance für den Kunden stimmt.** Dabei haben Bewertungen und Vergleiche, bspw. bei TripAdvisor, längst die Meinungsbildung übernommen und sorgen für die totale Transparenz. Eine Studie ergab, dass 53% der Reisenden ein Hotel nicht buchen würden, wenn es keine Reviews hat. 33% der Reisenden ändern sogar ihre Meinung bzgl. ihrer ersten Wahl für ein Hotel, nachdem sie Social Media und Review Seiten gelesen haben[14].

3.3 Booking-Phase

Der digitale Verkauf von Reisen hat 2015 weltweit einen Umsatz von $534 Milliarden generiert und wird bis 2019 auf $762 Mrd. steigen. In 2015 lag die Quote der Reisebuchung über das Internet bei den Schweizern bereits bei 67%, im Vergleich zu noch 48% in 2011[15]. Dabei dominieren allerdings globale Player wie Google, TripAdvisor etc. weite Teile des Reiseprozesses, vor allem, da grosse Portale hohe Summen für Suchbegriffe bei Google bieten können. Auch **Newcomer der Sharing Economy** mit ihren **innovativen Geschäftsmodellen** (Airbnb, Uber etc.) greifen traditionelle Geschäftsmodelle an, drängen weiter auf den Markt und nehmen die Booking und Experiencing Phase ein, wodurch sie zur Konkurrenz für etablierte Player werden.

Auf dem **europäischen Markt** sind es hauptsächlich **Online-Buchungsportale wie Priceline, Expedia und HRS**, welche die **Abwicklung der Buchungen dominieren**. Allerdings ist derzeit das Verhältnis zwischen Booking, Expedia, etc. und den Schweizer Hotels angespannt. Gegenwärtig gilt die „Eingeschränkte Ratenparität" – Hotels dürfen zwar ihre Preise je nach Buchungsplattform unterschiedlich gestalten, dürfen die Vertragspartner aber online nicht unterbieten. Die Möglich-keiten von DMO's sind dementsprechend in dieser Phase begrenzt.

---

[14] Referat Carlo Fontana, VSTM 2015
[15] Referat Roland Schegg, VSTM 2015

Eine Möglich-keit wäre allerdings, als eine Art „Concierge" aufzutreten: Auf Social Media Seiten können Kunden Antworten und Tipps gegeben werden.

Auf dem Markt der Bergbahnen könnten sich aber bessere Verkaufsmöglichkeiten für Bergbahntickets ergeben, wenn die Märkte mehr „geclustered" und Big Data und Social Media effizienter genutzt werden. Der Branchenverband oder die grössten Player könnten bspw. Verkaufsplattformen initiieren, die mit den derzeitigen Markt Playern (ticketcorner, snowtrex, etc.) konkurrieren[16].

3.4 Experiencing-Phase

Fand die Experiencing-Phase vor der Digitalisierung noch weitgehend während des eigentlichen Urlaubs statt, gilt heute: „Guest experience happens anytime, anywhere, anyway". Allerdings darf nicht verkannt werden, dass die **Qualität analoger Live-Erlebnisse auch in einer digitalisierten Welt das wichtigste Kapital von Destinationen bleibt**. Virtual Reality kann nicht den tatsächlichen Aufenthalt ersetzen. Das analoge Leistungsangebot vor Ort ist auch in der digitalen Welt entscheidend. Die Qualität und Besonderheit des Leistungsbündels einer Destination spielen die ausschlaggebende Rolle für den Kunden – die Digitalisierung von Vermarktung und Vertrieb wirkt dabei nur als Beschleuniger. Durch gezieltes CRM mit einer digitalen Datenbasis lassen sich exakte Profile der Gäste generieren um personalisierte Angebote noch während der Reise zusammenzustellen[17]. Die Destination lernt dadurch mehr über den Gast und kann wertvolle Informationen für die zukünftige Leistungsentwicklung gewinnen, bspw. welche Angebote gerne in Anspruch genommen werden oder welche ausgebaut werden sollten. Generell kann Big Data genutzt werden um Verhaltensmuster von Gästen herauszufiltern und Marketingstrategien anzupassen. Es gibt schier unendliche Möglichkeiten, die Digitalisierung und Big Data noch während der Reise der Gäste für Angebote zu Nutzen zu machen:

- Reservierung, Check-in, Check-out, Geo-Tracking kann alles via Mobilgeräte abgewickelt werden
- Gezielte Tagesabläufe können vorgeschlagen werden: der Gast wird während des gesamten Aufenthalts individuell mit passenden Vorschlägen begleitet
- Digitale Devices (z.B. eine Smart Watch) können die Funktion eines Echtzeit-Reiseführers übernehmen
  - Lotsen den Gast zu den Attraktionen
  - Machen passende Vorschläge
- Das „Internet of Things" generell kann das Gästeerlebnis aufwerten
- Besucherströme an Skiliften oder in Restaurants können intelligent gelenkt werden
- Yield-Pricing-Strategien: In den Skigebieten könnte ein Wochenendtag mit gutem Wetter mehr kosten als Wochentage mit schlechtem Wetter

---

[16]   Bericht grischconsulta, 2017
[17]   Bericht vom Institute of Brand Logic, 2016

- Mittels Virtual Reality, Hologrammen und Filmen können neue, multi-sensuale Erlebnisse geschaffen werden[18]

3.5 Sharing-Phase

Nach der Abreise der Gäste zieht sich die Customer Journey heutzutage noch weiter, denn Reisende teilen ihre Fotos auf Facebook, Instagram etc. und hinterlassen ihre Bewertungen bei Tripadvisor und anderen Bewertungsportalen, welche wiederum Einfluss auf die Research-Phase anderer potenzieller Gäste hat. **Bei den Bewertungen ist ebenfalls das analoge Leistungsangebot ausschlaggebend. Generell gilt: Gute Leistungen werden besser bewertet, häufiger kommuniziert und geteilt**, schwache Leistungen werden sichtbarer und können Schaden anrichten – die Transparenz verzeiht Fehler immer weniger. Der Schutz gegen negative Kommentare ist geringfügig, obwohl Unterlassungsklagen gegen Bewertungsportale bei klaren Unwahrheiten mittlerweile gute Erfolgsaussichten haben; alternativ kann auch mit Paid Content reagiert werden. Auf jeden Fall müssen Destinationen auf die Bewertungen reagieren, denn das Management von Hotelbewertungen wird immer kritischer für den Erfolg eines Hotels.

Abbildung 3: Die wichtigsten Webseiten/Apps für die jeweilige Phase in der Customer Journey

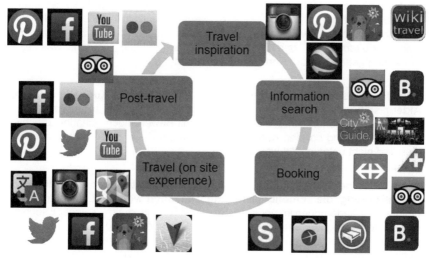

Quelle: Roland Schegg, VSTM 2015

---

[18]   Bericht vom Institute of Brand Logic, 2016

4 Risiken der Digitalisierung

Die Digitalisierung birgt natürlich auch Risiken für DMO's: Einerseits geht Austauschbares und Langweiliges unter und wird nicht „geliked"/geteilt/gerankt, andererseits besteht die Gefahr, dass sich Unternehmen in die Austauschbarkeit digitalisieren[19]. Wenn sich alle Hotels gleichermassen an der digitalen Transformation beteiligen und ähnliche digitale Services anbieten, besteht natürlich das Risiko, dass der Gast seine Entscheidungen lediglich nach dem Preis treffen wird[20]. **Bei all den Chancen der Digitalisierung darf demnach auch nicht die Marke der Destination vergessen werden**, denn diese verleiht Differenzierungskraft und Identität.

Besonders als kleine Destination müssen nicht alle Digitalisierungs-Trends mitgemacht werden, denn auch in der Digitalisierung gilt: Entscheidungen sollten nicht unüberlegt getroffen werden. Manche Technologien können bereits nach 6 Monaten wieder überholt sein. Es ist besser „kleine heisse Eisen im Feuer zu haben, als alles auf eine Karte zu setzen"[21]. Auch kleine Schritte können schon einen grossen Nutzen bringen.

Vielfach herrscht auch eine Angst vor der Selbstdisruption: Digitalisierung führt häufig dazu, dass etablierte Geschäftsmodelle kannibalisiert werden. Allerdings ist es deutlich billiger, wenn die eigene disruptive Initiative scheitert, als wenn diejenige des Mitbewerbers gelingt[22]. Mit den richtigen Massnahmen kann aber eine Vorreiterrolle in der Digitalisierung übernommen werden, was einen Vorsprung gegenüber der Konkurrenz verschafft.

Bei allen Phasen muss beachtet werden, dass der neue Kunde immer mehr Akteur sein will. Nutzer wollen selbst etwas veröffentlichen, teilen und zitieren. Der Nutzer hat höhere Ansprüche und kann mit Bewertungen Schaden anrichten. Die Digitalisierung hat den Kunden sozusagen die Zügel in die Hand gegeben – dies darf nicht unterschätzt werden.

Auch muss bei der gesamten digitalen Transformation der Gegentrend zur Digitalisierung, die „Emotionalisierung", beachtet werden. Es geht trotz allen digitalen Veränderungen immer noch um realen Nutzen, reale (analoge) Erlebnisse und reale Begegnungen. Die Motive der Reisenden sind meist unverändert geblieben und trotz der gesamten technologischen Innovationen suchen Reisende noch immer Erholung in ihrem Urlaub. Auch Bedürfnisse der Gäste wie Geschmack, Ästhetik, Funktionalität und Einfachheit bleiben stabil. Kunden müssen bei der Digitalisierung noch immer einen Mehrwert erkennen können und

---

[19] Bericht vom Institute of Brand Logic, 2016
[20] Referat Carlo Fontana, VSTM 2015
[21] Bericht von PwC Schweiz, Google Switzerland GmbH und digitalswitzerland, 2016
[22] Wie sich Angst überwinden lässt – Artikel

für viele bleibt der persönliche Kontakt enorm wichtig. Gerade in einer digitalen Umwelt wollen Gäste wieder mehr Emotionen erfahren, sodass in Destinationen unvergessliche Gästeerlebnisse kreiert werden müssen. Kunden wollen nicht alles, was möglich ist – nicht jeder möchte oder kann nur Apps benutzen. Besonders für die älteren Gäste darf auch nicht das traditionelle Marketing abgeschrieben werden.

Die **grösste Herausforderung** bleibt also, eine **gesunde Balance** zwischen dem **Nutzen durch Digitalisierung** und dem **Trend der Emotionalisierung** zu finden.

5 Handlungsagenda

Abbildung 4: **Folgerungen für die Destinationen und Leistungsträger**

Digitale Transformation	• Bewusstsein für die Digitalisierung schärfen • Organisationsstrukturen umgestalten • Mitarbeiter umschulen • Anforderungsprofile für Mitarbeiter anpassen • In digitale Innovationen investieren
Digitales Marketing	• Präsenz auf Sozialen Medien erweitern • Big Data nutzen • Bewertungsportale beobachten und bearbeiten
Customer Journey	• (Neu-) Durchdenken • "Outside-in"-Denken schärfen • Ansatzpunkte für digitales Marketing und emotionale Erlebnisse definieren
Destinations- strategie	• Review und Weiterentwickeln • Technologische Innovationen nutzen • Stellenwert der Marke beachten
Messbarkeit der Tätigkeiten	• Anzahl der Follower bei den Sozialen Medien • Conversion Rates

Literaturverzeichnis

Burkhardt, B. (26. November 2015). Wie sich die Angst überwinden lässt – Artikel Handelszeitung

Digitalisierung – wo stehen Schweizer KMU?. Ko-Publikation von PwC Schweiz, Google Switzerland GmbH und digitalswitzerland, 2016

Fontana, C. (5. November 2015). Managing the Guest Experience: High Tech or High Touch? Ideas for hotels and destinations. VSTm Seminar 2015

Schegg, R. (7. November 2015). E-Tourismus – Schlüssel zum Erfolg von Destinationen: Entwicklung und Folgerungen für die DMO. VSTM Seminar2015

„Trendreport Bergbahnen wohin? – 2025". (2017.) Bericht grischconsulta

„Ungenutztes Potenzial". (1. September 2016). htr hotel revue

Webhofer, M. (9. November 2016). Herausforderung Digitale Transformation. Bericht vom Institute of Brand Logic

Aufbau von Online-Marketing Kompetenzen in alpinen Destinationen

Herausforderungen und Lösungsansätze am Fallbeispiel Saas-Fee/Saastal

Angela Steffen, Jürg Stettler

Abstract

Gerade kleinstrukturierte, alpine Destinationen sind mit den rasanten digitalen Entwicklungen und den wachsenden Möglichkeiten im Online-Marketing vielfach überfordert. Obwohl die Problematik bekannt ist, existieren in Schweizer Bergdestinationen noch kaum Lösungsansätze, wie die notwendigen Kompetenzen auf Seite der Leistungsträger effektiv aufgebaut werden können. Im Rahmen eines Forschungsprojekts in der Destination Saas-Fee/Saastal wurde ein neues, 3-stufiges Befähigungsmodell zur Aus- und Weiterbildung der touristischen Betriebe im Online-Marketing entwickelt. Darin werden die erfassten Schulungsbedürfnisse gezielt adressiert und ein systematisches Aus- und Weiterbildungsprogramm auf Ebene der Gesamtdestination angeboten. Die bisherigen Projekterfahrungen zeigen kritische Hürden und Erfolgsfaktoren für die Entwicklung digitaler Marketingkompetenzen in einer alpinen Destination.

Keywords: Befähigung, Kompetenzen, Online-Marketing, alpine Destination

1   Einleitung

Das Internet ist heute der wichtigste Informationskanal im Tourismus und wurde in den vergangenen Jahren zu einem immer wichtigeren Verkaufskanal. Während im 2012 noch 53% der Schweizer Gäste ihre Reisen, Ausflüge oder Ferien online buchten, waren es im 2016 bereits 67% (Statista 2017). Entsprechend werden gute Online-Marketing Kompetenzen auf Seite der Anbieter zu einem immer wichtigeren Erfolgsfaktor. Es zeigt sich jedoch, dass die touristischen Leistungsträger mit den neuen Distributions- und Vermarktungsmöglichkeiten vielfach überfordert sind. Rund 60% der Schweizer-Ferienhotels in der 3-Sterne Kategorie verfügen beispielsweise noch über keine oder nur unzureichende Online-Buchungsmöglichkeiten (Reichenbach 2013, S. 4). Kompetenzlücken in IT und EDV zählen zu den Hauptproblembereichen in der Tourismusbranche (Thomas 2000).

Das veränderte Nachfrageverhalten, steigende Kundenerwartungen und grosse Online-Player wie Google, Booking oder setzen die traditionellen Betriebe zunehmend unter Druck. Gleichzeitig bleibt die effektive Aus- und Weiterbildung der Leistungsträger im Online-Bereich eine grosse Herausforderung. Insbesondere die kleinbetriebliche Struktur in Schweizer Destinationen erschweren die Wissens- und Kompetenzentwicklung. Neben operativen Hindernissen besteht auch auf konzeptioneller Ebene Handlungsbedarf: In alpinen Schweizer Tourismusregionen gibt es derzeit noch kaum ganzheitliche Lösungsansätze, wie der notwendige Wissens- und Kompetenzaufbau im Online-Marketing initiiert und gesichert werden kann. Entsprechend fehlen auch systematische Befähigungsangebote auf Ebene der Gesamtdestination, welche die Online-Kompetenzen der Akteure langfristig auf- und ausbauen.

Im Rahmen eines breit angesetzten Forschungsprojekts in der Destination Saas-Fee/Saastal wurde ein neuartiges Schulungskonzept für die touristischen Leistungsträger entwickelt. Kernergebnis bildet ein 3-stufiges-Befähigungsmodell, welches die erfassten Kompetenzlücken im Online-Marketing gezielt adressiert. Die bisherigen Projekt-Erfahrungen zeigen zentrale Erfolgsfaktoren und mögliche Lösungsansätze für den Aufbau von Online-Marketing Kompetenzen in einer alpinen Destination. Die Ergebnisse sollen Destinationsverantwortliche dabei unterstützen, die digitale Kompetenzentwicklung in der eigenen Destination voranzutreiben.

2   Literatur

Gerade in ruralen, peripheren Gebieten bilden kleine, häufig familienbetriebene Unternehmen die Erfolgsgrundlage einer Destination (Buhalis und Cooper 1998, S. 330; Getz et al. 2004). Dabei verweisen zahlreiche Studien auf die hohe Bedeutung von Mitarbeitertrainings für den Erfolg von Familienunternehmen und KMUs. Nach Hogarth-Scott und Jones (1993, S. 18) sind kleine Firmen mit weniger als 50 Mitarbeitern „...typically in the greatest need of support services and often possess a high level of untapped potential". Ibrah et al. (2003) stellen die Aus- und Weiterbildung in Verbindung mit der Überlebensrate von kleinen Unternehmen. Gemäss Reid und Harris (2002) bieten die erfolgreichsten KMUs mehr Aus- und Weiterbildungsmöglichkeiten als der Durchschnitt.

Im Gastgewerbe werden Mitarbeiterschulungen unter anderem mit einer verbesserten Servicequalität, erhöhter Kundenzufriedenheit, geringeren Unternehmenskosten und höherem organisationalem Commitment in Verbindung gebracht (Roehl und Swerdlow 2016). Weitere Studien in der Hotelindustrie zeigen auch einen engen Zusammenhang zwischen Aus- und Weiterbildung, Arbeitszufriedenheit sowie Dauer des Arbeitsverhältnisses (Costen und Salazar 2011; Chiang et al. 2005; Roehl und Swerdlow 2016). Aber auch wenn den touristischen Betrieben relativ breite Aus- und Weiterbildungsmöglichkeiten zur Verfügung stehen (Dewhurst et al. 2007, S. 140), die Mehrheit der Aus- und Weiterbildung in der Tourismusbranche geschieht informell, „on-the-job".

Die Hürden für die Einbindung von formellen Aus- und Weiterbildungsangeboten sind vielfältig. Viele besitzergeführte Betriebe verstehen Mitarbeiterschulungen als unbezahlbares Luxusgut, wobei auch die Kosten der Mitarbeiterabwesenheit ins Gewicht fallen (Curran et al. 1997). Des Weiteren haben kleine Unternehmen aufgrund hoher Unsicherheit einen vergleichsweise kurzen Planungshorizont. Aus- und Weiterbildungsinvestitionen zahlen sich dagegen erst längerfristig aus (Westhead und Storey 1996). Aufgrund der begrenzten Aufstiegsmöglichkeiten wandern die potenziell befähigten Mitarbeiter auch schneller ab, was die „In-Wert-Setzung" der Investitionen zusätzlich erschwert. Eine Spezialisierung der Mitarbeiter wird vielfach auch nicht angestrebt, sondern eher eine multi-funktionale Mitarbeiterbasis, welche flexibel in unterschiedlichen Bereichen einsetzbar ist (Curran et al. 1997). Viele touristische Unternehmer werden zudem aus Gründen des Lebensstils, und weniger aus profit- oder wachstumsorientierten Motiven in der Tourismusindustrie tätig und verfolgen eher persönliche/soziale anstelle von unternehmerischen Zielen (Dewhurst und Thomas 2003). Gemäss Dewhurst et al. (2007) ist es daher fraglich, inwiefern solche Betriebe überhaupt an Unternehmensentwicklungsmassnahmen wie Aus- und Weiterbildungen interessiert sind.

Insgesamt fokussiert die bestehende Literatur auf Management-Ausbildungen und Ausgaben für formelle Mitarbeitertrainings sowie auf typische Weiterbildungsanforderungen von Familienbetrieben (Kotey und Folker 2007, S. 215; Peters und Buhalis 2004, S. 2). Konkret zur digitalen Befähigung befassen sich einige Studien branchenübergreifend mit der Übernahme von Informations- und Kommunikationstechnologien in KMUs. Levy und Powell (2003) zeigen diesbezüglich, dass das Bewusstsein zum unternehmerischen Nutzen des Internets sowie die Einstellung gegenüber Unternehmenswachstum die Haupttreiber für die Integration bilden. Des Weiteren tendieren unternehmerische, risikofreudige, innovative und kreative

Besitzer verstärkt dazu, das Internet in ihre Verkaufsprozesse einzubeziehen (Poon und Swatman 1999).

Auf Ebene Gesamtdestination zeigt die Literatur rund um den Smart City-Ansatz, dass der Aufbau von „Humankapital", in Kombination mit einer intensiven Kooperation („Sozialkapital"), ein zentraler Erfolgsfaktor für eine „Smart Tourism Destination" bildet (Ritchie und Crouch 2003; Prats et al. 2008; Lombardi et al. 2012). In einer Smart Tourism Destination werden die Vorteile von technischen Infrastrukturen und Plattformen ausgeschöpft, um die Co-Kreation von Angeboten und Gästeerlebnissen voranzutreiben (Boes et al. 2015, S. 392). Die Aus- und Weiterbildung der Akteure ist für diese „digitale Transformation" und die daraus entstehende Wettbewerbs- und Innovationsfähigkeit einer Destination von zentraler Bedeutung.

3   Der Fall Saas-Fee/Saastal (SF/ST)

Während das Saastal vor rund 20 Jahren als schweiz- und europaweit führende alpine Destination galt, musste die Region in den vergangenen 8 Jahren einen massiven Rückgang der Logiernächte in Kauf nehmen. Vor dem Hintergrund dieser Turnaround-Situation hat der Verwaltungsrat der im Februar 2014 gegründeten Saastal Marketing AG (SMAG) die bestehende Destinationsstrategie überarbeitet und das Umsetzungsprojekt „Saastal 2020 – Smart Destination" initiiert. Ziel des Projekts ist es, das Saastal in eine vernetzte, digital operierende Smart Destination zu transformieren und somit die Wettbewerbsfähigkeit der Destination langfristig zu stärken.

Dazu hat die SMAG in 2015 ein neues IT-System („Marketing Engine") eingeführt. Mit dieser digitalen Plattform verfügt schweizweit erstmals eine ganze Destination über ein einheitliches Vermarktungstool. Die Marketing Engine soll eine flexible, zielgruppenorientierte und kooperative Vermarktung der Angebote auf allen digitalen Kanälen ermöglichen. Unter Einsatz der verschiedenen Module werden gemeinsame, digitale Marketingkampagnen durchgeführt. Dabei soll jeder Leistungsträger wie auch die Destination als Ganzes von besserer Sichtbarkeit, mehr Buchungen und geringeren Marketingkosten profitieren (Multiplikator-Effekt).

Die geplante Umsetzung der kooperativen, digitalen Kampagnen hat jedoch schnell verdeutlicht, dass die Leistungsträger, sowohl in Bezug auf die digitalen Instrumente wie auch in Bezug auf die Zusammenarbeit, stark überfordert sind. Dies verhindert eine erfolgreiche Umsetzung des St. Galler Modells für Destinationsmanagement (Beritelli et al. 2013). Entgegen einem anbieterfokussierten Ansatz soll daher im Saastal die DMO eine Lead-Funktion in der Vermarktung übernehmen. Für eine erfolgreiche Umsetzung der gemeinsamen, digitalen Marketingkampagnen steuert sie die Elemente "Technologie",

"Befähigung" und "Kooperation" aktiv mit. Die Hochschule Luzern begleitet diesen Prozess im Rahmen des KTI-Projekts „Smart Marketing Saastal" (vgl. Abb. 1).

Abbildung 1: KTI-Projekt Smart Marketing Saastal

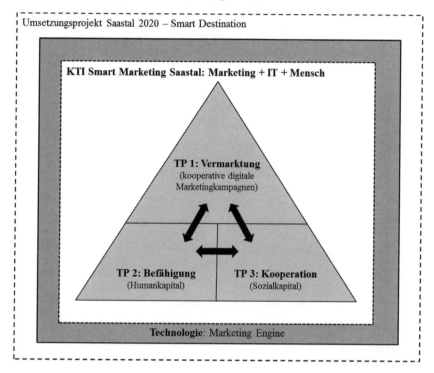

4 **Das Befähigungsmodell**

Im Rahmen des Teilprojekts 2 „Befähigung" wurde für die Destination Saas-Fee/Saastal ein neues Befähigungsmodell entwickelt. Darin solle alle Leistungträger in den Grundlagen des Online-Marketings, der Anwendung der Marketing Engine-Module und in der schliesslichen Durchführung der kooperativen, digitalen Marketingkampagnen geschult werden. Basis dafür bildete eine Umfrage bei über 100 Leistungsträgern in der Destination zu den bestehenden Schulungsbedürfnissen im Online-Marketing.

Gegenüber bisherigen Schulungsmöglichkeiten, welche eher kurzfristig, ad-hoc und nicht in einem ganzheitlichen Konzept initiiert wurden, soll das Weiterbildungs-angebot zukünftig professionell und abgestimmt aus einer Hand kommen. Dazu wurde ein dreistufiger Ansatz gewählt, worüber sich die Leistungsträger individuell — in unterschiedlichen Online-Marketingthemen/-instrumenten wie auch auf unterschiedlichen Wissensstufen — weiterbilden können (vgl. Abbildung 2). Den Rahmen für das Befähigungsmodell bilden die strategischen Kompetenzvorgaben der SMAG wie auch die operativen Kompetenzbedürfnisse der Leistungsträger.

Abbildung 2:   Dreistufiges Befähigungsmodell SF/ST

Auf der ersten Stufe der Befähigung werden Grundlagenkurse im Online-Marketing (z.B. zu Social Media, Umgang mit Bewertungen, etc.) angeboten. Die Durchführung erfolgt über das Walliser Weiterbildungsprogramm ritzy*, welches das Kursangebot auf dieser Stufe gemeinsam mit der SMAG festlegt und organisiert. Das Schulungsformat besteht aus halbtägigen Seminaren, welche vor Ort in Kleingruppen durchgeführt werden.

Auf der zweiten Stufe organisiert die SMAG regelmässige Workshops zu den verschiedenen Modulen der Marketing Engine. Hier geht es darum, anwendungs-bezogenes Systemwissen zu vermitteln und die Leistungsträger beispielsweise zum Newsletter-Versand, in der Online-Datenpflege oder zur Bewirtschaftung ihrer Facebook-Seite zu befähigen.

Die dritte Stufe der Befähigung beinhaltet gezielte, individuelle Hilfestellungen zur Durchführung der digitalen Marketingkampagnen für die teilnehmenden Leistungsträger. Dies sind persönliche Coachings und Besprechungen mit der SMAG, worin die Kampagneninhalte und –abläufe definiert und persönliche Unterstützungen angeboten werden.

Unter dem neuen Befähigungsmodell wurden seit dem Sommer 2016 insgesamt 3 Schulungsprogramme (Sommer 2016, Winter 2016/2017 und Sommer 2017) umgesetzt und 42 Kurse durchgeführt. Dabei wurde insbesondere auf eine hohe Themenrelevanz, gute Zugänglichkeit und geringe Kurskosten geachtet. Die Schulungsblöcke finden jeweils in der Nebensaison an gut erreichbaren Orten in den Gemeinden Saas-Fee und Saas-Grund statt. Die gleichen Kurse werden zudem in Zyklen zu unterschiedlichen Zeitpunkten angeboten, sodass ein Einstieg in das jeweilige Interessengebiet praktisch jederzeit möglich ist. Um die Eintrittsbarrieren weiter zu senken, werden die von der SMAG angebotenen Kurse kostenlos und die ritzy*-Schulungen zu einem Vorzugspreis offeriert.

5 Bisherige Learnings

Trotz dieser gezielten Ausrichtung und der hohen Interessenbekundung der Leistungsträger vor der Einführung des neuen Modells ist die Motivation zur Schulungsteilnahme eine grosse Herausforderung. Die bisherigen Arbeiten im Saastal haben verschiedene Befähigungsbarrieren und Erfolgsfaktoren offengelegt, welche im weiteren Projektverlauf sowie in zukünftigen Vorhaben zur Kompetenzentwicklung in alpinen Destinationen zu berücksichtigen sind.

5.1 Professionelle Organisation

Grundvoraussetzung für die erfolgreiche, systematische Umsetzung der Online-Marketing-Befähigung sind geeignete organisatorische Rahmenbedingungen. Nach Huang (2001) steigt die Schulungseffektivität in KMUs mit einer besser entwickelten Schulungsorganisation und -systematik wie auch mit zunehmender Unterstützung des Top-Managements.

Im Fall Saas-Fee / Saastal wurde ein umfassendes Schulungsdokument erstellt („Schulungskonzept SF/ST"), welches alle inhaltlichen Aspekte des Befähigungsmodells, wie die Struktur, die Schulungsinhalte und -methoden zusammenfasst. Andererseits wird darin auch der ganze Trainingsprozess und die Verantwortlichkeiten von der Angebotsentwicklung über die Durchführung bis zur Kursevaluation geregelt.

Übergeordnet verantwortet der sogenannte „SMAG Schulungskoordinator Online Marketing (10-20%)" die Ausführung aller schulungsbezogenen Aufgaben sowie die pro-aktive Vermarktung des Schulungsangebots in der Destination. Zur Qualitätssicherung und zur laufenden Optimierung der Schulungsinhalte wird zudem jeder durchgeführte Kurs mit einem standardisierten Formular von den Teilnehmern beurteilt.

5.2 Individualisierung der Angebote

Die Zielgruppe der touristischen Leistungsträger in einer alpinen Destination ist extrem heterogen. Gleichzeitig verlangen gerade kleine Unternehmen leicht zugängliche Aus- und Weiterbildungen, welche ihren spezifischen Bedürfnissen gerecht werden (Dewhurst et al. 2007, S. 136).

Für eine bedürfnisgerechte Ausgestaltung der Schulungsinhalte und –formate wurden die Kompetenzlücken und Schulungsanforderungen der Leistungsträger im Saastal systematisch erfasst (Online-Umfrage). Des Weiteren wurden die seminarbasierten Grundlagenschulungen mit sogenannten Individualschulungen zum jeweiligen Thema ergänzt. Ein Schulungsblock beinhaltet seit dem Winterprogramm 2016/17 einen halbtägigen Gruppenteil sowie eine private Coaching-Stunde pro Teilnehmer am gleichen Nachmittag. Im Rahmen der Individualschulung können unternehmensspezifische Probleme adressiert und mithilfe des Experten direkt vor Ort gelöst werden. Die bisherigen Feedbacks zu diesem Modell sind durchwegs positiv.

Neben individuellen Schulungsmöglichkeiten gilt es auch diejenigen Leistungs-träger zu unterstützen, welche bestimmte Online-Marketing Aktivitäten z.B. aus zeitlichen Gründen bewusst auslagern möchten. In der Destination Saas-Fee/Saastal bietet die SMAG verschiedene Dienstleistungspackages in den Bereichen Newsletter-Versand, Bildbearbeitung, Online-Datenpflege oder Social Media an, welche die Leistungsträger extern einkaufen können.

5.3 Persönliche Kommunikation

Eine frühzeitige, wiederkehrende und adressatengerechte Kommunikation der Schulungsangebote hat sich im Projekt als zentraler Erfolgsfaktor erwiesen. Von besonderer Bedeutung ist dabei die Nutzung von persönlichen Kommunikations-kanälen und eine direkte Ansprache. Bestehende Studien zeigen, dass persönliche Kommunikation, z.B. in Bezug auf die Informationsdistribution, die Arbeitsleistung oder auch bei Remindern effektiver ist als netzbasierte Kanäle (Lee 2010; Hasvold und Wootton 2011; Barkhi et al. 1999). In Bezug auf Trainingsprogramme im touristischen Bereich bestätigen Johnston und Loader (2003, S. 279): „Personal contact seemed to be more effective than „cold" mailshots and additional awareness resulted from referrals by other SMEs after attendance."

Im Fall Saas-Fee / Saastal werden die Leistungsträger daher, wenn immer möglich, persönlich über die Schulungsangebote informiert. Neben der elektronischen Kommunikation via Homepage und Newsletter werden insbesondere die folgenden Kanäle genutzt:

- Generalversammlungen und Informationsveranstaltungen der SMAG
- Gemeindeversammlungen
- Vereinsanlässe (z.B. Zweitwohnungsbesitzer, Hotelierverein)
- Haushaltsmailings (physischer Versand der Schulungsprogramme)

Auch die Kommunikationsinhalte sollen soweit wie möglich personalisiert werden. Im Saastal wurden dazu die Ergebnisse der Leistungsträger aus dem individuellen e-Fitnesscheck genutzt (vgl. Kapitel 5.5)). In über 100 personalisierten E-Mails wurden die Teilnehmer auf ihre individuellen Problemfelder und bestehende Schulungsmöglichkeiten aufmerksam gemacht.

5.4 Partizipation der Adressaten

Die bisherige Projektarbeit hat verdeutlicht, wie wichtig es ist, die Leistungsträger bereits frühzeitig in die Entwicklung des Befähigungsangebots miteinzubeziehen. Studien zeigen, dass die spezifischen Weiterbildungsanforderungen von KMUs ein gutes Verständnis und einen engen Austausch zwischen Schulungsanbietern und Unternehmen erfordern (Johnston und Loader 2003, S. 274). Entsprechend hilft der partizipative Prozess, die Angebote stets bedürfnisgerecht auszugestalten.

Ebenso wichtig ist die Beteiligung der Leistungsträger für deren Motivation zur Schulungsteilnahme. Wie bestehende Literatur zur partizipativen Entscheidungs-findung verdeutlicht, wirkt sich ein aktiver Einbezug in die Schulungsauswahl positiv auf die Weiterbildungsmotivation aus (Hicks und Klimoski 1987, Baldwin et al. 1991). Aufgrund der engen persönlichen Vernetzung der Leistungsträger in der Destination, spielt eine positive Einstellung von lokalen Meinungsführern und Schlüsselpersonen auch eine wichtige Rolle, um weitere Leistungsträger vom Angebot zu überzeugen. Erfahrungsberichte und Empfehlungen von glaub-würdigen Personen mit hoher zugeschriebener Expertise und Vertrauens-würdigkeit erhöhen den erwarteten Nutzen von Weiterbildungsangeboten und bilden eine wichtige Entscheidungsgrundlage (vgl. Clark et al. 1993). Gut vernetzte Betriebe und (offizielle oder inoffizielle) „Vorbilder" sollten daher unbedingt als Botschafter für das Aus- und Weiterbildungsangebot gewonnen werden. Durch ihre laufende Mitarbeit bei der Kursentwicklung (z.B. über regelmässige Feedback-Runden) und ihre eigene Teilnahme tragen sie das Schulungsprogramm aktiv in die Destination hinaus.

5.5 Schulungsbedarf und Nutzen aufzeigen

Die wohl grösste Herausforderung in der Online-Marketing-Befähigung besteht darin, die Leistungsträger vom eigenen Schulungsbedarf und dem damit verbunden Unternehmensnutzen zu überzeugen. Gemäss dem „Motivation through expectation"-Ansatz (vgl. Noe et al. 2014) bildet der erwartete Nutzen bzw. die Erträge von Aus- und Weiterbildungen den Haupttreiber für die Schulungsteilnahme (Mathieu und Martineau 1997). Oftmals ist der direkte Zusammenhang zwischen Weiterbildung und Unternehmenserfolg jedoch kontextabhängig und schwierig aufzuzeigen (Huang 2001). Wie Clements und Josiam (1995, S. 10) treffend formulieren: „The main barrier to structured training is that the costs of training are upfront and obvious, while the benefits appear to be remote and unmeasurable."

Um diese Schulungsbarrieren aufzugreifen, wurden die Leistungsträger in der Destination Saas-Fee/Saastal mittels einem „e-Fitnesscheck" auf ihre persönlichen Kompetenzlücken im Online-Marketing aufmerksam gemacht. Im Rahmen dieses Checks wurde die Online-Präsenz der Teilnehmer (Website, Social Media, Bewertungsplattformen…) über einen standardisierten Raster extern beurteilt und individuelle Verbesserungs- bzw. Schulungsmöglichkeiten aufgezeigt.

Zukünftig sollen insbesondere die konkreten Ergebnisse aus den kooperativen Online-Marketingkampagnen zur Promotion des Schulungsangebots eingesetzt werden. Über ein neues Tracking-System werden der generierte Web-Traffic, die Kundenkontakte wie auch die erreichten Buchungszahlen aus der Kampagne pro Leistungsträger messbar. Diese Informationen sollen die Leistungsträger verstärkt zur Kampagnenteilnahme und zur Akquisition der entsprechenden Online-Marketingkompetenzen motivieren.

6 Diskussion

Insgesamt zeigen die Erkenntnisse aus dem KTI-Projekt „Smart Marketing Saastal" zahlreiche Hürden aber auch verschiedene Ansatzpunkte zur effektiven Befähigung der Leistungsträger im Online-Marketing. In den oftmals kleinen, familiengeführten Betrieben einer alpinen Destination dominieren kurzfristige Verfügbarkeiten und Gewinne sowie eine schnellwechselnde, multifunktionale Mitarbeiterbasis ohne klare Entwicklungs- oder Wachstumsstrategie. Dies macht Aus- und Weiterbildungsinvestitionen häufig unattraktiv.

Um die Betriebe zur Aus- und Weiterbildung im Online-Marketing zu motivieren, müssen die spezifischen Anforderungen der lokalen Akteure verstanden und gezielt adressiert werden. Relevante Schulungsthemen (Bedürfnisanalyse), eine gute Zugänglichkeit und Preisgünstigkeit der Angebote sind dabei eine wichtige Grundvoraussetzung. Die Schulungsmöglichkeiten sollten zudem möglichst modular/individualisierbar und persönlich gestaltet werden, um eine unmittelbare

Anwendbarkeit sicherzustellen. Das mehrstufige Befähigungsmodell mit einer Kombination von Gruppenseminaren, Workshops und individuellen Coaching-Einheiten hat sich dazu als erfolgreiches Setting erwiesen.

Übergeordnet zu den eigentlichen Schulungsinhalten und –formaten sind eine professionelle, abgestimmte Organisation des Angebots (ganzheitliches Programm aus einer Hand) sowie eine persönliche Kommunikation der Schulungs-möglichkeiten zentral. Dabei lohnt sich die Zusammenarbeit mit anderen Schulungsanbietern vor Ort (vgl. Sargeant 1996, S. 9). Die enge Kooperation mit dem regionalen Weiterbildungsprogramm ritzy* hat im Fall Saas-Fee/Saastal stark zur Professionalisierung, Kohärenz und Wahrnehmbarkeit des Aus- und Weiterbildungsangebots beigetragen.

Eine wichtige Erkenntnis aus dem KTI-Projekt ist auch die Bedeutung der engen Zusammenarbeit mit den Leistungsträgern im Auf- und Ausbau des Schulungs-programms. Nicht nur für eine bedürfnisgerechte Ausgestaltung, sondern auch für die Promotion des Aus- und Weiterbildungsangebots vor Ort sind Schlüssel-personen und Meinungsbildner frühzeitig zu involvieren und als Botschafter zu gewinnen.

Eine Hauptherausforderung zum Kompetenzaufbau bleibt, die Leistungsträger vom Nutzen von Aus- und Weiterbildungen im Online-Marketing zu überzeugen. Dazu gilt es den Erfolg von Online-Marketing-Aktivitäten mittels Best-Practice-Beispielen und Tracking-Möglichkeiten messbar zu machen und, beispielsweise über (Self-)Checks, individuelle Kompetenzlücken aufzuzeigen.

Trotz der Vielzahl an potentiellen Stellhebeln bleiben die Einstellungen und Wert-haltungen der Leistungsträger z.B. gegenüber digitalen Medien oder Marketing-kooperationen nur schwer beeinflussbar. Wie im KTI-Projekt „Smart Marketing Saastal" ist der Aufbau von Online-Marketing-Kompetenzen daher immer auch mit einem langfristigen Change Prozess in der Destination verbunden. Das Projekt hat bestätigt, dass viele Akteure in alpinen Destinationen ihre Tätigkeit eher als Lebensbereich und weniger als Arbeitsbereich verstehen. Für einen Teil der Leistungsträger werden Aus- und Weiterbildungen im Online-Marketing daher wohl immer hinter privaten Entwicklungszielen stehen.

Literaturverzeichnis

Baldwin, Timothy T.; Magjuka Richard J.; Loher, Brian T. (1991): The Perils of Participation: Effects of Choice of Training on Trainee Motivation and Learning. In: *Personnel Psychology* 44 (1), S. 51–65.

Barkhi, Reza; Jacob, Varghese S. /fnms; Pirkul, Hasan (1999): An Experimental Analysis of Face to Face versus Computer Mediated Communication Channels. In: *Group Decision and Negotiation* 8 (4), S. 325–347.

Beritelli, Pietro; Laesser, Christian; Reinhold, Stephan; Kappler, Arnold (Hg.) (2013): Das St. Galler Modell für Destinationsmanagement. Geschäftsfeldinnovation in Netzwerken. St. Gallen: Verl. Inst. für Systemisches Management und Public Governance (IMP-HSG).

Boes, Kim; Buhalis, Dimitrios; Inversini, Alessandro (2015): Conceptualising Smart Tourism Destination Dimensions. In: Iis Tussyadiah (Hg.): Information and communication technologies in tourism 2015. Proceedings of the international conference in Lugano, Switzerland, February 3-6, 2015. Cham: Springer (Management/Business for Professionals), S. 391–403.

Buhalis, Dimitrios; Cooper, Chris (1998): Small and medium sized tourism enterprises at the destination. In: *Embracing and managing change in tourism: International case studies* 329, 329-351.

Chiang, Chun-Fang; Back, Ki-Joon; Canter, Deborah D. (2005): The Impact of Employee Training on Job Satisfaction and Intention to Stay in the Hotel Industry. In: *Journal of Human Resources in Hospitality & Tourism* 4 (2), S. 99–118.

Clark, Catherine S.; Dobbins, Gregory H.; Ladd, Robert T. (1993): Exploratory Field Study of Training Motivation: Influence of Involvement, Credibility, and Transfer Climate. In: *Group & Organization Management* 18 (3), S. 292–307.

Clements, Christine J.; Josiam, Bharath M. (1995): Training. Quantifying the financial benefits. In: *Int J Contemp Hospitality Mngt* 7 (1), S. 10–15.

Costen, Wanda M.; Salazar, John (2011): The Impact of Training and Development on Employee Job Satisfaction, Loyalty, and Intent to Stay in the Lodging Industry. In: *Journal of Human Resources in Hospitality & Tourism* 10 (3), S. 273–284.

Curran, J.; Blackburn, R.; Kitching, J.; North, J. (1997): Small Firms and Workforce Training: Some Results Analysis and Policy Implications from a National Survey. In: Monder Ram, David Deakins und David Smallbone (Hg.): Small firms. Enterprising futures. London: Chapman, S. 90–101.

Dewhurst, Helen; Dewhurst, Peter; Livesey, Rachel (2007): Tourism and hospitality SME training needs and provision. A sub-regional analysis. In: *Tour Hosp Res* 7 (2), S. 131–143.

Dewhurst, Helen; Thomas, Rhodri (2003): Encouraging Sustainable Business Practices in a Non-regulatory Environment. A Case Study of Small Tourism Firms in a UK National Park. In: *Journal of Sustainable Tourism* 11 (5), S. 383–403.

Getz, Donald; Morrison, Alison J.; Carlsen, Jack (2004): The family business in tourism and hospitality. Wallingford, Oxon, UK, Cambridge, Mass. USA: CABI Pub. Online verfügbar unter http://search.ebscohost.com/login.aspx?direct=true&scope=site&db=nlebk&db=nlabk&AN=121974.

Hasvold, Per E.; Wootton, Richard (2011): Use of telephone and SMS reminders to improve attendance at hospital appointments. A systematic review. In: *Journal of telemedicine and telecare* 17 (7), S. 358–364.

Hicks, William D.; Klimoski, Richard J. (1987): Entry into Training Programs and Its Effects on Training Outcomes: A Field Experiment. In: *The Academy of Management Journal* 30 (3), S. 542–552.

Hogarth-Scott, Sandra; Jones, Mark A. (1993): Advice and Training Support for the Small Firms Sector in West Yorkshire. In: *Jnl Euro Industrial Training* 17 (1), S. 127.

Huang, Tung-Chun (2001): The relation of training practices and organizational performance in small and medium size enterprises. In: *Education + Training* 43 (8/9), S. 437–444.

Ibrahim, A. B.; Soufani, K.; Lam, Jose (2003): Family business training. A Canadian perspective. In: *Education + Training* 45 (8/9), S. 474–482.

Johnston, Karen; Loader, Kim (2003): Encouraging SME participation in training. Identifying practical approaches. In: *Jnl Euro Industrial Training* 27 (6), S. 273–280.

Kotey, Bernice; Folker, Cathleen (2007): Employee training in SMEs. Effect of size and firm type-family and nonfamily. In: Journal of small business management : JSBM ; a joint publ. 4 times a year of the International Council for Small Business and the West Virginia University Bureau of Business Research 45 (2), S. 214–238.

Lee, Cheng Ean (2010): Face-to-face Versus Computer-mediated Communication: Exploring Employees' Preference of Effective Employee Communication Channel. In: *International Journal for the Advancement of Science and Arts* 1 (2), S. 38–48.

Levy, Margi; Powell, Philip (2003): Exploring SME Internet Adoption. Towards a Contingent Model. In: *Electronic Markets* 13 (2), S. 173–181.

Lombardi, Patrizia; Giordano, Silvia; Farouh, Hend; Yousef, Wael (2012): Modelling the smart city performance. In: *Innovation: The European Journal of Social Science Research* 25 (2), S. 137–149.

Mathieu, John E.; Martineau, John W. (1997): Individual and situational influences on training motivation. In: John Kevin Ford und Steve W. J. Kozlowski (Hg.): Improving training effectiveness in work organizations. Mahwah, N.J: Lawrence Erlbaum Associates (Series in applied psychology), S. 193–221.

Noe, R. A.; Wilk, S. L.; Mullen, E. J.; Wanek, J. E. (2014): Employee Development: Issues in Construct Definition and Investigation of Antecedents. In: J. Kevin Ford (Hg.): Improving training effectiveness in work organizations. Hoboken: Taylor and Francis (Applied Psychology Series), S. 153–189.

Peters, Mike; Buhalis, Dimitrios (2004): Family hotel businesses. Strategic planning and the need for education and training. In: *Education + Training* 46 (8/9), S. 406–415.

Poon, Simpson; Swatman, Paula M.C (1999): An exploratory study of small business Internet commerce issues. In: *Information & Management* 35 (1), S. 9–18.

Prats, Lluís; Guia, Jaume; Molina, Francesc-Xavier (2008): How tourism destinations evolve. The notion of Tourism Local Innovation System. In: *Tour Hosp Res* 8 (3), S. 178–191.

Reichenbach, Patrick (2013): E-Business in der Ferienhotellerie. Erfolgsfaktoren und Tools aus Online Marketing und -Distribution für kleine und mittelgrosse Hotels in Feriendestinationen. Preichenbach E-Consulting. online.

Reid, Renee S.; Harris, Richard I.D. (2002): The determinants of training in SMEs in Northern Ireland. In: *Education + Training* 44 (8/9), S. 443–450.

Ritchie, J. R. B.; Crouch, G. I. (Hg.) (2003): The competitive destination: a sustainable tourism perspective. Wallingford: CABI.

Roehl, Wesley S.; Swerdlow, Skip (2016): Training and its Impact on Organizational Commitment among Lodging Employees. In: *Journal of Hospitality & Tourism Research* 23 (2), S. 176–194.

Sargeant, Adrian (1996): Training for growth. How can education providers assist in the development of small businesses? In: *Ind and Commercial Training* 28 (2), S. 3–9.

Statista (2017): Reise-Buchungsverhalten der Schweizer nach Vertriebskanal 2016. Online verfügbar unter https://de.statista.com/statistik/daten/studie/443203/umfrage/reise-buchungsverhalten-der-schweizer-nach-vertriebskanal/, zuletzt geprüft am 27.06.2017.

Thomas, Rhodri (2000): The National survey of small tourism and hospitality firms 2000: Skills Demand and Training Practices. Leeds: Centre for the Study of Small Tourism and Hospitality Firms, Leeds Metropolitan University.

Westhead, Paul, and David Storey. "Management training and small firm performance: why is the link so weak?." International Small Business Journal 14.4 (1996): 13-24.

Die Bedeutung von Beziehungsqualität im Tourismus: Besonderheiten in familiengeführten Unternehmen

Frieda Raich, Anita Zehrer

Abstract

Qualitätsvolle Beziehungen sind wesentliche Leistungskomponenten in Zeiten gesättigter Märkte und austauschbarer Produkte. Familiengeführte Unternehmen weisen verschiedene Besonderheiten auf wie langfristiges Bestehen, persönliches Engagement, die starke Verankerung in der Destination, ihre Verlässlichkeit sowie Mut und Augenmass im unternehmerischen Handeln, die die Beziehungsqualität mit den Gästen positiv beeinflussen können. Gleichzeitig gilt es darauf zu achten, dass die Balance Familie und Unternehmen gewahrt bleibt.

Keywords: Familienunternehmen, Beziehungsqualität, Gastfreundschaft

1 Ausgangslage

Die Tourismusbranche ist geprägt von grossem Wettbewerb, gesättigten Märkten und vielfach austauschbaren Produkten (Bieger/Beritelli, 2013). Diese Situation, zusätzliche gesellschaftliche Trends aber auch technologische Entwicklungen beeinflussen die Bedürfnisse, Erwartungen sowie das Verhalten der Reisenden und führen dazu, dass im Tourismus immaterielle Leistungskomponenten an Gewicht gewinnen (Bär, 2006), um Kundenzufriedenheit und Kundenloyalität zu erreichen (Meffert et al., 2015). Im Vordergrund steht daher nicht länger das Kernprodukt, sondern vielmehr immaterielle Faktoren, die über den klassischen Produktwert hinausgehen. Eine besondere Komponente ist hier die Beziehung zwischen Gastgeber und Gast.

In den Destinationen Mitteleuropas dominieren Klein- und Mittelbetriebe, oft in Form von Familienunternehmen. Familienunternehmen sind das Rückgrat der Wirtschaft, sie sind Wohlstandsmotoren. In Österreich sind 156.400 der Unternehmen in Familienbesitz, die mehr als 50% des Bruttoinlandsproduktes erwirtschaften und mehr als 70% aller Erwerbstätigen beschäftigen (Wirtschaftskammer Österreich, 2014; Hennerkes et al., 2007). Aber Österreich ist hier kein Einzelfall. Die Situation sieht in den Nachbarstaaten ähnlich aus. Familienunternehmen sind auch in Deutschland weit verbreitet. Etwa 95% (=3 Millionen) der in Deutschland ansässigen Betriebe werden als Familienunternehmen geführt. 41,1% des Umsatzes aller Unternehmen stammt aus Familienunternehmen. 61,2% der Arbeitsplätze werden durch Familienunternehmen gestellt. In der Schweiz sind

88 % aller Unternehmen Familienunternehmen. Eine Studie im Auftrag der Europäischen Kommission hat ergeben, dass im Durchschnitt alle in der Studie betrachteten Länder in Europa rund 70 - 80% der Unternehmen zu den Familienunternehmen zählen. Ihr Anteil an der Gesamtbeschäftigung beträgt bis zu 50% (EUBusiness, 2009).

Im engeren Sinne wird von einem Familienunternehmen gesprochen, wenn „die Familie einen der Einflussfaktoren Eigenkapital, Kontrolle, oder Management vollständig dominiert oder der Mindereinfluss durch entsprechenden Einfluss bei einem anderen Faktor ausgeglichen wird" (Klein, 2010, S. 18). Vielfach sind die Betriebe daher stark durch den Inhaber und die Familie geprägt, wodurch neben betriebswirtschaftlichen Kennzahlen auch emotionale Werte eine Rolle spielen (Bieger/Beritelli, 2013). Das System „Familie" und das System „Unternehmen" sind untrennbar miteinander verkettet und treffen mit all ihren Gegensätzen tagtäglich aufeinander. Während das System „Familie" geprägt ist von Emotionalität, dominiert im System „Unternehmen" das tägliche Business, die Performance der Unternehmung, sowie rational gefällte Entscheidungen. Dabei ist zu berücksichtigen, dass jedes Familienunternehmen einzigartig ist. Was in einem Unternehmen höchst erfolgreich sein kann, muss in einem anderen keineswegs gelingen. Letztlich gleicht keine Familien- oder Unternehmenskonstellation der anderen. Diese gegensätzlichen Logiken – Familien- versus Unternehmenslogik – führen zwangläufig zu Konfliktfeldern im Unternehmen (Muskat/Zehrer, 2017; Zehrer/Haslwanter, 2010). Und obgleich der Grad der Überschneidung keineswegs als positiv oder negativ gewertet werden kann, gilt es sich der Situation bewusst zu sein und mit den Anforderungen und Konsequenzen der jeweiligen Konstellation umzugehen (Chrisman et al., 2013; Astrachan/Shanker, 2011; Klein, 2010).

Es stellt sich daher die Frage, ob die Besonderheiten familiengeführter touristischer Unternehmen und deren ambivalente Spannungsfelder – Bewahrung versus Erneuerung, Unabhängigkeit versus Loyalität, Gleichheit versus Differenz, etc. – die Beziehungsqualität zwischen Gast und Gastgebern beeinflussen können.

2 Beziehung als wesentliche Leistungskomponente

Die Beziehungsorientierung hat in den letzten beiden Jahrzehnten im Marketing enorm an Bedeutung gewonnen. Nicht einzelne Transaktionen stehen im Vordergrund, sondern der Aufbau und die Pflege langfristiger Kundenbeziehungen, denn diese sind ausschlaggebend für den langfristigen Erfolg (Meffert et al., 2015). Dies ist zum einen auf die Entwicklung der Märkte – im Tourismus vom Verkäufer- zum Käufermarkt – und zum anderen auch auf Veränderungen bei den Bedürfnissen und Ansprüchen der Nachfrager zurückzuführen. Unternehmen müssen Beziehungen zum Gast aufbauen, um ein Wiederkommen des Gastes zu erreichen, die Bereitschaft zum Anbieterwechsel zu mindern, die Preissensitivität zu senken und durch die aktive Gestaltung eines ausgewogenen Kundenportfolios, das sowohl Stamm- als auch Neukunden umfasst, die Wirtschaftlichkeit des Unternehmens zu sichern (Gardini, 2015; Han et al., 2009; Mensendiek, 2004).

Bei den sich verändernden Bedürfnissen und Ansprüchen der Nachfrager, die zur Bedeutung von Beziehungen beitragen, sind u.a. folgende zu nennen:

* Individualisierung: Neue Lebens- und Arbeitsformen, sich verändernde Werte oder die Globalisierung sind nur einige Faktoren, die eine Zunahme der Individualisierung fördern. Individualisierung bedeutet die Hinwendung des Einzelnen zu sich selbst und ist auch im Tourismus spürbar, wo der Kunde als Individuum wahrgenommen werden will. Der Gast möchte individuell behandelt werden und sucht nach massgeschneiderten Dienstleistungen und personalisierten Services (Mundt, 2013; Bieger/Beritelli, 2013). Der Aufbau von Beziehungen unterstützt dieses Bedürfnis nach Individualität.
* Beziehungsmarkt Reisen: Trotz des Trends zur Individualisierung sind Menschen soziale Wesen und Reisemärkte stellen letztlich Beziehungsmärkte dar. Man reist, um mit Familie und Freunden zusammen zu sein und um unverbindliche Kontakte zu anderen Menschen zu knüpfen. Man trifft auf Menschen, denen man Zuhause im Alltag nicht begegnen würde, vielfach in einer entspannten Stimmung. Insbesondere Beherbergungsbetriebe können als Kommunikationsinseln gesehen werden, die Begegnungen zwischen unterschiedlichsten Menschen ermöglichen (Frick et al., 2007). Neben den Kontakten zu anderen Gästen sind es die Kontakte und die Beziehung zu den Gastgebern, die als besonders wahrgenommen werden (Pechlaner/Raich, 2007).
* Authentizität: Für viele Reisende ist Authentizität ein wichtiger Wert, und sie suchen nach unverfälschten, echten Angeboten, Erfahrungen und Erlebnissen (Zehrer, 2010). Dazu zählen auch die Interaktionen zwischen Touristen und der am Urlaubsort ansässigen Bevölkerung sowie die Beziehungen zu den Gastgebern und deren Mitarbeitern (Schäfer 2015).
* Höhere Ansprüche: Wohlstand und Bildung haben das Anspruchsniveau der Gäste verändert. Sie wünschen Information, Unterhaltung und Erlebnisse durch aktive Partizipation und innovativen Gestaltungselementen (Poon, 1993). Beziehungen können dazu beitragen, höhere Ansprüche zu befriedigen.

Interaktionen sind der Baustein von Beziehungen und solche gibt es zahlreiche in touristischen Betrieben (Stenglin, 2008). Diese müssen von allen Unternehmensmitgliedern genutzt und gezielt gestaltet werden, dass es zu qualitätsvollen Beziehungen kommen kann. Die Unternehmensmitglieder müssen sich so verhalten, dass das Interesse an einer langfristigen Beziehung zum Gast deutlich wird. Es gilt, den Kunden besondere Beziehungsleistungen zu bieten, um die Kundenzufriedenheit und -bindung sowie die Weiterempfehlungsrate zu erhöhen (Kim, 2006).

3   Die Beziehung zwischen Gast und Gastgeber

„Tourismus ist das Zusammenspiel vieler Akteure; das unmittelbarste dabei ist sicher das von Gastgeber und Gast" (Waibl, 2007, S. 66). Die Qualität der Beziehungen zwischen touristischen Nachfragern und Anbietern ergibt sich dabei zum einen aus leistungsbezogenen Einflussgrössen und zum anderen aus transaktionsbezogenen   Einflussgrössen   (Hadwich,   2003).   Bei   den leistungsbezogenen Faktoren ist vor allem die Service Qualität (und in Folge Kundenzufriedenheit) zu nennen. Sie ist eine wesentliche Voraussetzung, dass Beziehungen aufgebaut werden können. Bei den transaktionsbezogenen Faktoren spielen soziale Leistungen, Aufbau von Vertrauen und Commitment eine besondere Rolle. Beispiele für soziale Leistungen sind das Wiedererkennen des Gastes, die persönliche Ansprache, Zuhören, die Einbindung des Gastes etc. Es gilt Vertrauen bei den Gästen aufzubauen und zu zeigen, dass die Leistungen des Betriebes zuverlässig sind und der Gast wertgeschätzt wird. Soziale Leistungen sind dem Gast vielfach wichtiger als monetäre Anreize, z. B. Spezialangebote. Commitment hingegen bedeutet, dass das Unternehmen in die Beziehungen mit seinen Gästen investiert und versucht, diese weiterzuentwickeln (Morgan/Hunt, 1994; Beatson et al., 2008; Han et al., 2009).

Weitere Beziehungsleistungen sind solche, die dem Angebot eine besondere Intimität und Individualität verleihen und die in der Gastfreundschaft zum Ausdruck kommen (Pechlaner/Raich, 2007). Gastfreundschaft kann als soziales Prinzip gesehen werden, das die „kulturelle Verpflichtung der Aufnahme, des Schutzes und der Bewirtung von Menschen" umfasst (Schrutka-Rechtenstamm, 1998, S. 45). Gastfreundschaft stammt ursprünglich aus dem privaten Bereich. Auf den Tourismus bezogen bedeutet es „das Gefühl, besondere Interaktionen und Beziehungen erleben zu dürfen, die über die bezahlten bzw. in monetären Werteinheiten ausdrückbaren Produkte und Dienstleistungen hinausgehen. Der Tourist als willkommener Gast und der Bereiste als herzlicher Gastgeber – diese Einstellung   suggeriert   Individualität   und   verdeckt   Standardisierung" (Pechlaner/Raich, 2007, S. 17).

Das Aufeinandertreffen von Gast und Gastgeber erfolgt auf Basis unterschiedlicher Voraussetzungen und Erwartungen. Der Kontakt des Gastes mit dem Gastgeber ist für diesen eher einzigartig und stellt vielfach eine authentische Besonderheit der Reise dar. Die Rolle des Gastes ist zeitlich begrenzt und er hat den Wunsch, diese intensiv zu erleben. Der Gast möchte seine Bedürfnisse befriedigt sehen. Studien zeigen, dass die Zufriedenheit mit einer Dienstleistung in Abhängigkeit von den wahrgenommenen Anstrengungen der Mitarbeiter und Unternehmensinhaber steigt: „Je stärker die Mitarbeiter ihr Verhalten in Form von Höflichkeit, Zuvorkommenheit, Rücksichtnahme, Einfühlungsvermögen usw. gegenüber den Kunden und Gästen kommunizieren, desto stärker hat es Einfluss auf die Zufriedenheitsbewertung" (Herrmann, 2016, S. 151).

Der Gastgeber hingegen kommt mit vielen Gästen in Kontakt und muss versuchen, diese individuell und wertschätzend zu behandeln. Gelingt dies, tragen diese Interaktionen dazu bei, qualitätsvolle Beziehungen aufzubauen (Schrutka-Rechtenstamm, 1997). Vor allem Stammkunden wünschen sich individuell behandelt zu werden und aus der Masse der gesamten Zielgruppe hervorzustechen (Kohl/Siegel, 2009). Der Gastgeber hat somit eine wesentliche Rolle im Aufbau von Beziehungen und Beziehungsqualität. Seine Merkmale, sein Engagement, sein Bemühen tragen wesentlich zur Ausgestaltung der Kundenbeziehungen bei. Die Gäste erwarten sich, dass der Gastgeber nicht nur ab und zu, sondern stets freundlich und aufmerksam ist, das bedeutet, dass der Gastgeber vielfach einer hohen Stressbelastung ausgesetzt ist und seine Rollenerwartung permanent erfüllen sollte. „Über welchen Zeitraum die Gastgeberrolle erfolgreich ausgeführt werden kann ist nicht zuletzt von der gesundheitlichen und psychischen Belastung, dem Rollenselbstverständnis, der vorhandenen Lebensqualität, den sozialen Bindungen und den spezifischen Situationsfaktoren abhängig" (Herrmann, 2016, S. 150) Die Möglichkeiten der Stressbewältigung hängen u.a. von der sozialen Unterstützung ab.

4 Besonderheiten der Gast-Gastgeber Beziehungen in familiengeführten Unternehmen

Familiengeführte Unternehmen definieren sich grundsätzlich durch ihre Einheit von Eigentum und Leitung, die in der Hand einer oder mehrerer Familien liegen. Ein genaueres Verständnis ergeben die Merkmale Eigentumsverhältnis, Familien-einfluss auf die Entwicklung des Unternehmens und der Wunsch der erfolgreichen Fortführung des Unternehmens durch den eigenen Nachwuchs (Baumgartner, 2016). Während Familie mit Emotionalität, Solidarität und Gleichrangigkeit verbunden wird, sind es bei Unternehmen Rationalität, Leistung und Hierarchie (Baus, 2013).

Die Verbindung von Familien- und Unternehmenseigenschaften führt zu verschiedenen Besonderheiten, die sich in der sogenannten „Familyness" ausdrückt. Familyness umschreibt die besonderen Ressourcen und Fähigkeiten, die sich aus der Einwirkung des Systems Familie auf das Unternehmen ergeben und die Familienunternehmen von „gewöhnlichen" Unternehmen unterscheiden (Habbershon et al., 2003). Beispiele sind die Kultur, die Beziehungen oder das Regelsystem in einer Familie, die auf das Unternehmen einwirken (Cabrera-Suárez et al., 2011). Dadurch haben Familienunternehmen eine ausgeprägte Fähigkeit, sich in das Kundenproblem hineinzuversetzen und sind in der Lage eine besondere Beziehungsqualität zum Kunden aufzubauen (Wimmer et al., 2015). Laut Chen und Phou (2013) ist eine emotionale Beziehung von Gast und Gastgeber der Schlüssel zur Differenzierung zwischen einzelnen Anbietern und damit letztlich ein Wettbewerbsvorteil. Allerdings kann der Familienfaktor sowohl positive als auch negative Auswirkungen haben, z. B. auf die Beziehungsqualität zu Gästen, die nachfolgend beschrieben werden.

4.1 Potentielle Vorteile für die Beziehungen zum Gast

Nachfolgend werden ausgewählte Vorteile der Beziehungen Gast-Gastgeber in familiengeführten Unternehmen diskutiert:

- Langfristigkeit: Zahlreiche Familienunternehmen kennzeichnen sich durch ein langjähriges Bestehen aus – oft gelingt es, das Unternehmen an die nächste Generation weiterzugeben. Diese Konstanz hat positive Auswirkungen auf den Aufbau von langfristigen Beziehungen zu den Gästen (Baumgartner, 2016). Informationen können gesammelt und Vertrauen aufgebaut werden, wodurch die Transaktionskosten sinken. Nicht kurzfristige Gewinnmaximierung, sondern Nachhaltigkeit steht vielfach im Vordergrund. Familienunternehmen definieren ihre Grundwerte, ihre Mission und Vision nicht nur, sondern leben diese konsequent; im Gegensatz dazu denken managergeführte Unternehmen öfters in Quartalen (Baus, 2013).

- Persönlicher Einsatz: In vielen Fällen sind die Kontakte zwischen Gast und Gastgeber formalisiert und rationalisiert, d. h. Dauer und Intensität der Begegnungen sind weitgehend abgelöst von den Persönlichkeiten und auf die Rollen beschränkt (Mundt, 2013). In Familienunternehmen ist durch die Verquickung von Privatem und Geschäftlichem der Einsatz der Familienmitglieder vielfach hoch und es ist ihnen ein persönliches Anliegen, die Unternehmensziele zu erreichen (Chrisman et al., 2007). Dieses Engagement ist auch beim Aufbau von Beziehungen zu Gästen aber auch zu anderen Stakeholdern von Vorteil. Ein persönlicher Einsatz wird von den Gästen honoriert und als Zusatznutzen gesehen.

- Unverwechselbarer Charakter: Die Familyness kann einen unverwechselbaren Charakter familiengeführter Unternehmen bewirken. „Mit jedem Generationsübergang wird informelles Wissen über die Funktionsweise des Unternehmens weitergegeben. So kann sich jedes Familienunternehmen hinsichtlich seines informellen Wissens, der Kompetenzen und seiner Fähigkeiten unterscheiden." (Stietencron, 2013, S. 34) Diese Besonderheiten können auch die Beziehungen zu den Gästen prägen und sie durch individuelle Elemente bereichern.

- Positives Image und Verankerung in der Destination: Touristische Familienunternehmen verfügen über ein positives Image und einen hohen gesellschaftlichen Stellenwert, denn sie haben eine starke Verankerung in der Destination (Dörflinger et al., 2013; Felden/Hack, 2014). Durch die Einbindung der Familie in das Unternehmen, stehen sie für menschliche Verbindlichkeit, und sind dadurch sehr authentisch. Dabei strahlen diese Unternehmerfamilien eine gewisse Verlässlichkeit aus und stehen mit ihrem Namen ein – für Stabilität und Qualität (Dörflinger et al., 2013; Halter, 2005; Carlock/Ward, 2001). „Thus, family owners and managers are seen as driven by self-interest, and motivated to seek wealth and personal benefits for themselves and their narrow family group, even if this means missing promising entrepreneurial opportunities" (De Massis et al., 2014, p. 37).

- Motivation der Mitarbeiter: Die Kontinuität in familiengeführten Unternehmen, der vielfach persönliche Umgang, kurze Informationswege oder die oftmals positive und offene Unternehmenskultur sind einige der Merkmale, die Mitarbeiter zu schätzen wissen und sie motivieren. Familyness kann zudem eine starke Bindungswirkung auf Mitarbeiter haben (Denison et al., 2004). Motivation und Bindung der Mitarbeiter unterstützen den Aufbau von Beziehungen zum Gast zusätzlich zu den Bemühungen von Seiten der Unternehmerfamilie, denn Mitarbeiter mit direktem Kundenkontakt spielen ebenfalls eine wichtige Rolle beim Aufbau von Beziehungsqualität (Choi/Chu, 2001).

- Direkter Zugang des Gastes zum Namensträger oder zum geschäftsführenden Gesellschafter: Dies wird von vielen Kunden als Besonderheit und Vorteil gesehen (Baumgartner, 2016). Zudem sind Familienunternehmen bekannt für die konsequente Orientierung am Kunden (Baus, 2013; Dunn, 1996). Sie sind bestrebt innovative Lösungen für ihre Kunden zu finden und sind daher grundsätzlich sehr nahe am Kundenproblem (Baumgartner, 2009).

4.2 Potentielle Gefahren für die Beziehungen zum Gast

Die Besonderheiten familiengeführter Unternehmen können jedoch nicht nur zur Beziehungsqualität beitragen, sondern es sind damit auch bestimmte Gefahren verbunden, u.a.:

- Stress durch hohe Erwartungen: Bei intensiven Interaktionen zwischen Gast und Gastgeber, wie sie in familiengeführten Unternehmen oft zu finden sind, „kann eine überspannte Vorstellung des Begegnungsverhältnisses Stress auslösen und zu Spannungen führen" (Waibl, 2007, S. 53). Um Beziehungen nicht zu gefährden ist es daher wichtig, über Routinen zu diskutieren und durch verschiedene Massnahmen der Tourismusmüdigkeit vorzubeugen. Dies gilt vor allem auch für die Nachfolgegenerationen.

- Emotionale Konflikte: Sie können durch unterschiedliche Ziele in der Familie oder divergierende Interessen entstehen (Baumgartner, 2016). Die Folge eines Konflikts auf der persönlichen Ebene ist, dass die Parteien nicht in der Lage sind, den Konflikt in den Griff zu bekommen, selbst wenn es versucht wird. Solche unlösbaren Konflikte können durchaus zum Scheitern des Familienunternehmens führen (Grossmann/Von Schlippe, 2015). Derartige Konflikte haben negative Auswirkungen auf die Unternehmenskultur und in einem weiteren Schritt auf die Motivation und Bindung der Mitarbeiter (Denison et al., 2004). Da Familie und Unternehmen verzahnt sind, können emotionale Konflikte innerhalb der Familie direkt bei den Kunden oder auch indirekt z. B. über sich ausbreitende Unruhe bei den Mitarbeitern spürbar werden.

- Nepotismus: Neben vielen Vorteilen von Nepotismus, wie raschem Know-How-Transfer, Vertrauen im Team, besseres Verständnis der Kompetenzen der Mitarbeiter, etc., kann das Beharren, ausschliesslich die eigenen Kinder als Nachfolger für das Unternehmen zu sehen, auch zu verringerter Wettbewerbsfähigkeit führen, wenn diese nicht das Know-how und die Motivation besitzen, das

Unternehmen fortzuführen (Safina, 2015; Dyer, 1986). Jaskiewicz et al. (2013) kommen zum Schluss, dass allein auf das Geburtsrecht gestützter Nepotismus dem Unternehmenserfolg eines Familienbetriebs schadet. In einem solchen Fall sinkt auch das Interesse, Beziehungen zu den Gästen aufzubauen und zu pflegen.

- Nachfolgeregelung: Die Unternehmensübergabe bzw. -nachfolge stellt für Familienunternehmen eine kritische Phase dar (Spelsberg/Weber, 2012). Nur ein kleiner Teil der Unternehmen bewältigt die familieninterne Übergabe über mehrere Generationen (Davis/Harveston, 1999; Kets de Vries, 1993), auch da der Prozess der Nachfolgeregelung Konfliktpotenzial birgt. Während des Organisationsprozesses treten häufig Unruhen und Orientierungslosigkeit auf. Konfrontationen, Konflikte oder Misstrauen wirken sich negativ auf das gesamte Unternehmen und somit letztlich auf die Mitarbeiter aus (Baumgartner, 2016). Derartige Probleme können auch dazu führen, dass die Gründergeneration mit dem Verlassen ihres Amtes (informelles) Wissen bezüglich des Unternehmens und über lange Jahre erarbeitete Kundenkontakte mitnimmt und nicht entsprechend an die nächste Generation weitergibt. Wissen gilt aber als eine der wichtigsten Ressourcen von Unternehmen und wird oftmals auch als die Basis für Wettbewerbsvorteile gegenüber Mitbewerbern gesehen (Argote/Ingram, 2000; Grant, 1996). Der richtige Umgang mit dieser Ressource macht gerade in Familienunternehmen den Unterschied zwischen Erfolg und Misserfolg aus (Chirico/Salvato, 2008).

5   Fazit

Eine der zentralen Stärken von Familienunternehmen gegenüber Nicht-Familienunternehmen und gleichzeitig wesentliche Besonderheit besteht darin, dass durch die enge Verzahnung von Familie und Betrieb Entscheidungen in Familienunternehmen gleichermassen von sachlichen und emotionalen Motiven geleitet werden. Zudem spielt die langfristige Existenzsicherung der Familien, der familiäre Wunsch das Unternehmen als solches zu erhalten und an die nächste Generation weiterzugeben, eine wesentliche Rolle. Kernbegriff hierbei ist der Faktor Familyness, welcher als die einzigartige Ressource und Fähigkeit eines Unternehmens bezeichnet wird, die aus der engen Interaktion von Familie und Unternehmen entsteht.

Familiengeführte Unternehmen weisen damit verschiedene Besonderheiten auf, die sich zu Wettbewerbsvorteilen entwickeln können, so auch beim Aufbau von qualitätsvollen Beziehungen zu den Gästen. Z. B. haben Familienunternehmen eine ausgeprägte Fähigkeit, sich in das Kundenproblem hineinzuversetzen und sind aufgrund des Familienfaktors in der Lage, eine besondere Beziehungsqualität zum Kunden aufzubauen, was dazu beiträgt, zufriedene Kunden zu generieren und auch zu halten. Fakt ist, dass eine emotionale Beziehung von Gast und Gastgeber der Schlüssel zur Differenzierung zwischen einzelnen Anbietern sein kann und sich

Familienunternehmen dessen bewusst sein müssen. Gleichzeitig sind diese Besonderheiten auch mit bestimmten Gefahren und Nachteilen verbunden, die vor allem dann zum Vorschein kommen, wenn das Verhältnis Familie und Unternehmen unstimmig wird. Nur durch eine bewusste Auseinandersetzung mit diesen Besonderheiten lassen sich die Potentiale langfristig umsetzen. Die Herausforderung besteht darin, eine Balance zu finden zwischen Familie und Unternehmen, sodass die Wertschätzung für die Gäste und das Interesse an der touristischen Aktivität über Generationen hinweg aufrecht gehalten werden kann.

Literaturverzeichnis

Argote, L./Ingram, P. (2000), Knowledge Transfer: A Basis for Competitive Advantage in Firms. In: Organizational Behavior and Human Decision Processes 82 (1), 150-169

Astrachan, J. H./Shanker, M. C. (2003), Family businesses' contribution to the U.S. economy: A closer look. In: Family Business Review 16 (3), 211-219

Bär, S. (2006), Ganzheitliches Tourismus-Marketing. Die Gestaltung regionaler Kooperationsbeziehungen. Wiesbaden: DUV

Baumgartner, B. (2016), Erfolgreiche Zukunftsgestaltung in Familienunternehmen. In: Siller, H./Zehrer, A. (Hrsg.), Entrepreneurship und Tourismus. Unternehmerisches Denken und Erfolgskonzepte aus der Praxis, 2. Aufl. Wien: Linde, S. 81-97

Beatson, A./Lings, I./Gudergan, S. (2008), Employee behaviour and relationship quality. Impact on customers. In: The Service Industries Journal 28 (2), 211-223

Bieger, T./Beritelli, P. (2013), Management von Destinationen, 8. Auflage. München: Oldenbourg

Cabrera-Suárez, M. K./de la Cruz Déniz-Déniz, M./Martín-Santana, J. D. (2011), Familiness and market orientation. A stakeholder approach. In: Journal of Family Business Strategy 2 (1), 34-42

Carlock, R.S./Ward, J.L. (2001), Strategic planning for the family business. Parallel planning to unify the family and business. London: Palgrave.

Chen, C.F./Phou, S. (2013), A closer look at destination. Image, personality, relationship and loyalty. In: Tourism Management 36, 269-278

Chirico, F./Salvato, C. (2008), Knowledge Integration and Dynamic Organizational Adaptation in Family Firms. In: Family Business Review 21(2), 169-181

Choi, T.Y./Chu, R. (2001), Determinants of hotel guests' satisfaction and repeat patronage in the Hong Kong hotel industry. In: International Journal of Hospitality Management 20 (3), 277-297

Chrisman, J.J./Sharma, P./Steier, L.P./Chua, J.H. (2013), The Influence of Family Goals, Governance, and Resources on Firm Outcomes. In: Entrepreneurship Theory and Practice 37 (6), 1249-1261

Chrisman, J./Sharma, P./Taggar, S. (2007), Family influences on firms. An intro-
duction. In: Journal of Business Research 60 (10), 1005-1011

Davis, P.S./Harveston, P.D. (1999), In the founder's shadow: Conflict in the family
firm. In: Family Business Review 12, 311-323

De Massis, A./Chirico, F./Kotlar, J./Naldi, L. (2014), The Temporal Evolution of
Proactiveness in Family Firms. The Horizontal S-Curve Hypothesis. In: Family Business Review 27 (1), 35-50

Denison, D./Lief, C./Ward, J.L. (2004), Culture in Family-Owned Enterprises:
Recognizing and Leveraging Unique Strengths. In: Family Business Review,
17 (1), 61-70

Dörflinger, C./Dörflinger, A./Gavac, K./Vogl, B. (2013), Studie Familienunternehmen in Österreich. Status quo 2013. KMU Forschung Austria. Online verfügbar unter http://www.kmuforschung.ac.at/images/stories/Forschungsbe-
richte/2014/EPS_Familienunternehmen.pdf, zuletzt geprüft am 12.04.2017

Dunn, B. (1996), Family enterprises in the UK: a special sector? In: Family Business Review 9 (2), 139-55

Dyer, W.G. Jr (1986), Cultural Change in Family Firms: Anticipating and Managing Business and Family Transitions. San Francisco, CA: Jossey Bass

Felden, B./Hack, A. (2014), Management von Familienunternehmen. Besonderheiten 2013; Handlungsfelder 2013; Instrumente. Wiesbaden: Springer Gabler

Frick, K./Girschik, K./Bosshard, D. (2007), Trendstudie – Die Zukunft der Schweizer Hotellerie. Unabhängige Studie des Gottlieb Duttweiler Instituts im Auftrag von hotelleriesuisse. Rüschlikon. Online verfügbar unter https://www.ho-
telleriesuisse.ch/files/pdf4/Trendstudie_GDI_2007.pdf, zuletzt geprüft am
22.06.2017

Gardini, M. (2015), Marketing-Management in der Hotellerie, 3. Auflage. Berlin:
de Gruyter

Grant, R.M. (1996), Toward a knowledge-based theory of the firm. Strategic Management Journal 17, 109-122

Grossmann, S./Von Schlippe, A. (2015), Family businesses: fertile environments
for conflict. In: Journal of Family Business Management 5 (2), 294-314

Habbershon, T.G./Williams, M./MacMillan, I.C. (2003), A unified systems perspective of family firm performance. In: Journal of Business Venturing 18 (4),
451-465

Hadwich, K. (2003), Beziehungsqualität im Relationship Marketing. Konzeption
und empirische Analyse eines Wirkungsmodells. Wiesbaden: Springer

Halter, F. (2005), Familyness ist gut – mit Vorbildern noch besser. In: HR-Today
12, 27-28

Han, H./Back, K.-J./Barrett, B. (2009), Influencing factors on restaurant customers' revisit intention. The roles of emotions and switching barriers. In: International Journal of Hospitality Management 28 (4), 563-57

Hennerkes, B.-H./Berlin, M./Berlin, T. (2007), Die Familie und ihr Unternehmen in Österreich. München: FinanzBuch Verlag

Herrmann, H.-P. (2016), Tourismuspsychologie. Berlin: Springer-Verlag

Jaskiewicz, P./Uhlenbruck, K./Balkin, D.B./Reay, T. (2013), Is Nepotism Good or Bad? Types of Nepotism and Implications for Knowledge Management. In: Family Business Review 26 (2), 121-139

Kets de Vries, M. (1993). The Dynamics of Family Controlled Firms: The Good and the Bad News. In: Organizational Dynamics 21, 59-71

Kim, W. G. (2006), Predictors of Relationship Quality and Relationship Outcomes in Luxury Restaurants. In: Journal of Hospitality & Tourism Research 30 (2), 143-169

Klein, S. (2010), Familienunternehmen. Theoretische und empirische Grundlagen. Wiesbaden: Gabler Verlag

Kohl, M.; Siegel, C. (2009), Beziehungsmarketing im Tourismus. In: Hinterhuber, H.H. (Hrsg.), Kundenorientierte Unternehmensführung. Kundenorientierung, Kundenzufriedenheit, Kundenbindung, 6. Aufl. Wiesbaden: Gabler, S. 495-506

Meffert, H./Burmann, C./Kirchgeorg, M. (2015), Marketing. Grundlagen marktorientierter Unternehmensführung, 12. Aufl. Wiesbaden: Springer

Mensendiek, J. (2004), Stammgastmarketing. „und der Gast gehört dir!". Messkirch: Gmeiner-Verlag

Morgan, R. M./Hunt, S. D. (1994), The Commitment-Trust Theory of Relationship Marketing. In: Journal of Marketing (58), 20-38

Mundt, J.W. (2013), Tourismus, 4.Aufl. München: Oldenbourg

Muskat, B./Zehrer, A. (2017), A power perspective on knowledge transfer in internal succession of small family businesses. In: Journal of Small Business & Entrepreneurship, 29(5), 333-350.

Pechlaner, H./Raich, F. (2007), Wettbewerbsfähigkeit durch das Zusammenspiel von Gastlichkeit und Gastfreundschaft. In: Pechlaner, H./Raich, F. (Hrsg.), Gastfreundschaft und Gastlichkeit im Tourismus. Kundenzufriedenheit und -bindung mit Hospitality Management, 11-77. Berlin: ESV

Poon, A. (1993), Tourism, Technology and Competitive Strategies. Wallingford: C.A.B. International

Safina, D. (2015), Favouritism and Nepotism in an Organization. Causes and Effects. In: Procedia Economics and Finance 23, 630-634

Schäfer, R. (2015), Tourismus und Authentizität. Zur gesellschaftlichen Organisation von Ausseralltäglichkeit. Bielefeld: transcript Verlag

Schrutka-Rechtenstamm, A. (1998), Die Rolle der Gastgeber: Touristische Gastfreundschaft als kulturelles und wirtschaftliches Prinzip. In: Salzburger Volkskultur 22, 39-48

Schrutka-Rechtenstamm, A. (1997), Gäste und Gastgeber: touristische Ritualisierungen diesseits und jenseits der Bezahlung. In: Tourismus Journal 1, 467-481

Spelsberg, H./Weber, H. (2012), Familieninterne und familienexterne Unternehmensnachfolgen in Familienunternehmen im empirischen Vergleich. In: BFuP – Betriebswirtschaftliche Forschung und Praxis 64 (1), 73-97.

Stenglin, von A. (2008), Commitment in der Dienstleistungsbeziehung. Entwicklung eines integrierten Erklärungs- und Wirkungsmodells. Wiesbaden: Gabler

Stietencron, von P. (2013), Zielorientierung deutscher Familienunternehmen. Der Zusammenhang zwischen Familieneinfluss, Zielorientierung und Unternehmenserfolg. Wiesbaden: Springer

Waibl, E. (2007), Tourismusethik: Probleme – Themen – Perspektiven. In: Pechlaner, H./Raich, F. (Hrsg.), Gastfreundschaft und Gastlichkeit im Tourismus. Kundenzufriedenheit und -bindung mit Hospitality Management. Berlin: ESV, S. 51-77

Wimmer, R./Domayer, E./Oswald, M./Vater, G. (2015), Familienunternehmen – Auslaufmodell oder Erfolgstyp? Wiesbaden: Gabler

Wirtschaftskammer Österreich (2014), Wirtschaftskraft KMU - Vorfahrt für Österreichs KMU. Online verfügbar unter https://www.wko.at/Content.Node/Interessenvertretung/Standort-undInnovation/Standortpolitik/2014_11_KMU-Bericht-Online-Version.pdf, zuletzt geprüft am 29.02.2017

Zehrer, A. (2010), Authentizität – Inszenierung: die subjektive Wahrnehmung des touristischen Produkts. In: Egger, R./Herdin, T. (Hrsg.), Tourismus im Spannungsfeld von Polaritäten, 259-274. Münster: LIT Verlag

Zehrer, A./Haslwanter, J. (2010), Management of change in tourism – the problem of family internal succession in family-run tourism SMEs. In: Electronic Journal of Family Business Management 2 (4), 147-162

Der Erlebnis-Check

Ein Wahlmodul für das „Qualitäts-Programm 3.0" des Schweizer Tourismus

Monika Bandi Tanner, Adrian Pfammatter

Abstract

Im Rahmen der Überarbeitung des Qualitäts-Programms des Schweizer Tourismus wurde ein neues Wahlmodul zur betrieblichen Erlebnisqualität entwickelt und damit der Qualitätsbegriff um eine wichtige Dimension handlungsorientiert erweitert. Der Trend zur Erlebnisgesellschaft stellt eine äußerst relevante Entwicklung in der Tourismusforschung und -praxis dar und hat bisher im Schweizer Tourismus vor allem auf Destinationsstufe Beachtung gefunden. Destinationen sind jedoch gerade von den Angeboten der individuellen Leistungsträger abhängig, weshalb mit dem neuen Wahlmodul die Erlebnisorientierung in der Angebotsgestaltung auf Betriebsebene gefördert werden soll. Die Forschungsstelle Tourismus (CRED-T) der Universität Bern hat ein Instrument zum neuen Wahlmodul entwickelt, das Betriebe unterstützen soll, die Rahmenbedingungen der Erlebnisse ihrer Gäste kritisch zu hinterfragen und zu verbessern.

Key Words: Erlebnisökonomie, Angebotsinszenierung, Qualitäts-Programm

1   Ausgangslage

Das Qualitäts-Programm des Schweizer Tourismus wurde zwischen 2014 und 2016 umfassend überarbeitet. Damit hat die Prüfstelle des Schweizer Tourismus-Verbandes das „Qualitäts-Programm 3.0" lanciert. Neben Pflichtmodulen, die Betriebe zur Auszeichnung mit dem Q-Gütesiegel absolvieren müssen, besteht das neue Programm aus Wahlmodulen, die Teilnehmer gemäß ihren Präferenzen auswählen können, um dort Qualitätsfortschritte zu erzielen. Ein neues Wahlmodul betrifft die betriebliche Erlebnisqualität. Damit wird ein aktuelles Thema im Tourismus – sowohl in der Praxis als auch in der Forschung – aufgenommen. Kern des Wahlmoduls ist der „Erlebnis-Check" – ein Instrument, welches Betriebe dabei unterstützt, ihren Gästen positive Erlebnisse zu ermöglichen. Das Konzept der Erlebnisqualität bereichert den Qualitätsbegriff im Tourismus neben bisherigen Elementen um eine wichtige Dimension (vgl. Abbildung 1) und bedeutet somit eine

Erweiterung des Qualitätsverständnisses (Brent Ritchie, Tung, & Ritchie 2011; Müller 2011).

Abbildung 1: Qualitätsverständnis im Tourismus

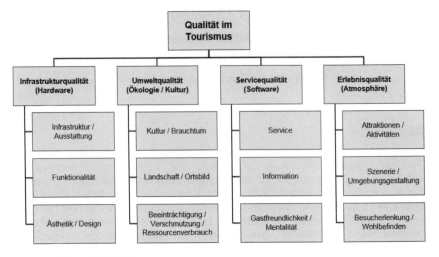

Quelle: Müller 2011, S. 78

Die Forschungsstelle Tourismus (CRED-T) hat das neue Wahlmodul im Auftrag der Prüfstelle des Qualitäts-Programmes (STV) konzipiert. Die theoretischen Grundlagen dazu wurden anhand einer Literaturrecherche im Bereich der Erlebnisökonomie erarbeitet. Des Weiteren wurden im Rahmen eines Tourismusseminares an der Universität Bern verschiedene Themenstellungen im Bereich der Erlebnisökonomie von Studenten bearbeitet. Daraus entstanden weitere Einsichten sowie Beispiele zur Thematik aus der Praxis.

2   Theoretische Grundlage: Die Erlebnisökonomie

2.1   Paradigmenwechsel im Tourismus: Der Trend zur Erlebnisgesellschaft

Erlebnisse sind keinesfalls gleichzusetzen mit Dienstleistungen, sondern als eine Weiterentwicklung der Wertschöpfung anzusehen. Der Anbieter nimmt die Rolle als Inszenator des Erlebnisses ein und versucht dem Gast ein unvergessliches, persönliches Erlebnis zu ermöglichen (Pine & Gilmore 1998). Dabei entwickelt sich die Wirtschaft in Richtung Erlebnisökonomie, in welcher Konsumenten eine erhöhte Zahlungsbereitschaft für erlebnisreiche Angebote zeigen und nicht mehr nur Waren und Dienstleistungen nachfragen. Erlebnisse können als neue Nutzenquelle angesehen werden (Pine & Gilmore 1999).

Der Wandel in Richtung Erlebnisgesellschaft tangiert zweifelsfrei auch den Tourismus. Gerade in diesem Kontext ist die Erlebnisorientierung in der Angebotsgestaltung wichtig, da Touristen schon seit jeher Attraktionen besucht haben, um etwas zu erleben. Der Schweizer Tourismus stellt für Betriebe ein herausforderndes Umfeld dar, was die Wichtigkeit der Erlebnisse als Quelle für ökonomischen Nutzen akzentuiert. Mit dem Trend zur Erlebnisgesellschaft geht ein Paradigmenwechsel im Tourismusangebot einher: Der Übergang von Tourismus-Produkten hin zu der Ermöglichung von Erlebnissen (Brent Ritchie, Tung, & Ritchie 2011). Tourismusbetriebe können sich so differenzieren und Wettbewerbsvorteile schaffen (Pine/Gilmore 1999).

Das Erlebnis ist ein individueller mentaler Zustand des Gastes (Brunner-Sperdin & Peters 2009). Das Erlebnis kann als Reaktionen des Gastes auf innere Reize wie Körperempfindungen, auf äußere Reize wie Sinnesempfindungen und auf kognitive Bewertungen angesehen werden (Müller & Scheurer 2007). Touristische Erlebnisse sind somit keinesfalls einfach replizierbar und multiplizierbar auf alle Gäste, da das Erleben der Touristen persönlich und subjektiv ist. Erlebnisse sind für jede Situation und jeden Gast individuell (Walls et al. 2011). Gästeerlebnisse sind zwar nicht „produzierbar", jedoch von Anbietern beeinflussbar. Die bewusste Schaffung von Rahmenbedingungen für positive Erlebnisse sollte zentraler Bestandteil einer erfolgreichen touristischen Angebotsgestaltung sein (Müller & Scheurer 2007; Walls et al. 2011).

2.2 Erlebniskonzept auf Destinationsebene

Das Erlebnis-Konzept hat große Beachtung auf Destinationsebene gefunden. Gästen sollen in Destinationen erlebnisreiche Aufenthalte ermöglicht werden. In der Tourismusforschung haben sich verschiedene Autoren mit dieser Thematik befasst. Gemäss Morgan, Elbe & Curiel (2009) verlangt die Erlebnisökonomie von Destinationen ein neues Verständnis für Gäste, welches Aspekte der Emotion, Sehnsucht, Lust und Mitbestimmung über Funktionalität und Rationalität stellt sowie neue Service-Management-Ansätze, um Angebote zu inszenieren. Weiter können einzigartige und erinnerungswürdige Erlebnisse als Quellen für strategische Wettbewerbsvorteile gesehen werden.

Tussyadiah (2014) befasst sich mit Erlebnis-Design im Tourismus und entwickelte ein Tourismus-Erlebnis-Konzept für Destinationen: Zum Zweck eines integrativen Ansatzes auf Destinationsebene muss demnach ein Meta-Konzept entwickelt werden, welches Wertversprechen für Gästeerlebnisse in der Destination definiert sowie die Grundgedanken zur Vermittlung dieser Erlebnisse („Storytelling") festlegt. In einem operationalen Konzept wird die konkrete Anwendung des Meta-Konzeptes in der ganzen Reisespanne der Gäste sichergestellt, indem alle Design-Elemente orchestriert sowie Auslöser für positive Erlebnisse geschaffen werden. Besondere Aufmerksamkeit gilt dabei Elementen, die dem Gast zur Interaktion dienen, wie physische (z.B. Infrastruktur, Attraktionen) und soziale (z.B.

Tourismus-Mitarbeitende, Einheimische) Elemente der Destination sowie mit der Destination verbundene Medien (z.B. Social Media, Massenmedien).

Ein weiteres, ganzheitliches Konzept zur Erklärung der touristischen Angebotsgestaltung auf Destinationsebene bieten Müller und Scheurer (2007) mit dem „Erlebnis-Setting" (vgl. Abbildung 2). Dieses Modell erklärt, dass Umweltreize positive oder negative Erlebnisse bei individuellen Gästen in spezifischen Situationen oder Schauplätzen auslösen, wenn diese wahrgenommen werden. Einige Umweltreize sind durch Angebotsgestaltung beeinflussbar, andere jedoch nicht (z.B. Wetter, Klima). Durch Inszenierung kann die Umwelt mit dem Ziel beeinflusst werden, eine emotionale Wirkung (Atmosphäre) zu schaffen, die dem Gast positive Erlebnisse ermöglicht (Müller & Scheurer 2007).

Abbildung 2: Das Erlebnis-Setting auf Destinationsebene

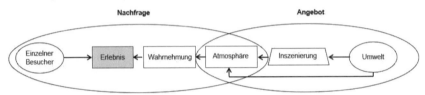

Quelle: Müller & Scheurer 2007, S. 12

Die Inszenierung hilft beim Aufbau und bei der Verstärkung von gewünschten, zielgruppenorientierten Atmosphären und beschreibt die aktive Gestaltung der Rahmenbedingungen zur Entstehung von Erlebnissen (Müller & Scheurer 2007; Scheurer 2003). Müller und Scheurer (2007) haben dabei einen „Werkzeugkasten" mit sieben Inszenierungs-Instrumenten entwickelt:

- Thema – Das Leitinstrument
- Inszenierungskonzept – das Planungs- und Koordinations-Instrument
- Attraktionen und Aktivitäten – das Auslöser-Instrument
- Szenerie – das Ästhetik-Instrument
- Besucherlenkung – das Lenk-Instrument
- Wohlbefinden – das Unterstützungs-Instrument
- Besucher/Gäste – das Bewertungs-Instrument

Es zeigt sich, dass bereits sehr konkrete Konzepte zur Angebotsgestaltung auf Destinationsebene im Kontext der Erlebnisökonomie entstanden sind. Auch in der Praxis hat sich der Erlebnistrend auf die Angebotsgestaltung von Schweizer Destinationen ausgewirkt und seine Relevanz gezeigt. Im Rahmen einer Seminararbeit am CRED-T konnte dies exemplarisch am Beispiel „Emmental" gezeigt werden: Hier wurde festgestellt, dass die Angebotsentwicklung im Zuge einer zu starken Fokussierung auf das Marketing vernachlässigt wurde. Eine neue, erlebnisorientierte Strategie entstand, wonach gebündelte Erlebnisräume für Gäste geschaffen werden (Laubscher & Rageth 2017, unveröffentlicht). Ein weiteres Indiz für die Relevanz der Erlebnisökonomie auf die Praxis der Angebotsgestaltung in Destinationen ist das Programm „Enjoy Switzerland" von Schweiz Tourismus. Mit dem Programm werden Akteure bei der erlebnisreichen Produktgestaltung unterstützt. Bis 2015 wurden Förderprojekte für Destinationen (oder Erlebnis-räume) durchgeführt. Seit 2015 können jedoch auch individuelle touristische Leistungspartner oder weitere im Tourismus tätige Organisationen Projekte beantragen (ST 2017). Somit wird die Erlebnisorientierung von der Destinations-ebene auf die Ebene der Leistungspartner gebracht. Dass sich nämlich gerade auch Betriebe in der Angebotsgestaltung mit dem Erlebnistrend auseinander-setzen sollten, wird im folgenden Abschnitt diskutiert.

2.3 Adaption auf Betriebsebene

Abhängig von der Tourismusorganisation (und Aufgabenteilung), nimmt die touristische Angebotsentwicklung in Destinationen eine mehr oder weniger wichtige Rolle ein. Destinationen sind dabei jedoch abhängig von individuellen Leistungsträgern und sind so in der strategischen Produktentwicklung auf einen intensiven Austausch mit diesen angewiesen (vgl. Morgan, Elbe, & Curiel 2009; SECO 2014). Das Konzept der Dienstleistungskette verdeutlicht sehr gut, weshalb eine Erlebnisorientierung auf Destinationsebene alleine nicht ausreicht. Da der Gast während seiner Reise touristische Leistungsbündel im Sinne einer Dienstleistungskette konsumiert, ist das Gesamterlebnis einer Destination von einer Vielzahl von individuellen Leistungsträgern abhängig (vgl. Müller 2008).

Destinationen können auf Betriebsebene nur bedingt eingreifen, profitieren jedoch von betrieblicher Erlebnisqualität durch den positiven Einfluss aufs Gesamt-erlebnis. Oft sind es gerade Betriebe, die positive Überraschung und Verblüffung auslösen und so synergetisch zum Gesamterlebnis der Destination wirken. Eine strategische Erlebnisorientierung auf Betriebsebene, die über den Horizont des operativen Tagesgeschäfts hinausgeht, ist deshalb für die regionale Tourismus-entwicklung essentiell (vgl. Morgan, Elbe & Curiel 2009). Das angesprochene Synergiepotential von Betriebs- und Destinationsebene wird am Beispiel der Stanserhorn-Bahn deutlich: Vom innovativen Erlebnis, welches hier in Form der weltweit ersten Luftseilbahn mit offenem Oberdeck geboten wird, gepaart mit einem strategisch stringent umgesetzten Konzept für ein außerordentlich freundliches Bergausflugserlebnis, profitiert die gesamte Destination Nidwalden (vgl. Barmettler & Murer 2017, unveröffentlicht).

Wie Betriebe ihre Angebote erlebnisreicher gestalten können, stellt eine interessante Frage dar, die in der Forschung rege diskutiert wird. Viele Forschungserkenntnisse lassen sich mit den Inszenierungs-Instrumenten im praxisorientierten Konzept von Müller & Scheurer (2007) in Verbindung bringen (vgl. Abbildung 2). Dies wird im Folgenden exemplarisch dargelegt: Bspw. wurde schon auf die Wichtigkeit vom Inszenierungs-Instrument „Thema" auf

Betriebsebene verwiesen (Gilmore & Pine 2002). Im Kontext des Gesamt-erlebnisses der Gäste ist es wichtig, dass Betriebsthemen im Rahmen der Destination sinnvoll sind. Im Zusammenhang mit dem Inszenierungs-Instrument „Attraktionen und Aktivitäten" sind die menschlichen Sinneswahrnehmungen zentral. Möglichst alle Sinne (Sehen, Hören, Geschmack, Geruch, Tasten) sollten in der Erlebnisgestaltung berücksichtigt werden (vgl. Agapito, Mendes, & Valle 2013). Auch auf die Wichtigkeit der physischen Umgebung des Gästeerlebnisses wurde im Betriebskontext verwiesen (z.b. Walls et al. 2011). Dies deckt sich mit dem Inszenierungs-Instrument „Szenerie", welches die natürlichen (z.b. Wetter, Aussicht) und geschaffenen (z.b. Dekoration, Architektur) Elemente der Umgebung der Gäste beschreibt (Müller & Scheurer 2007). Die Relevanz des „Wohlfühlmanagements" wird durch Erkenntnisse akzentuiert, dass Verärgerung, die aus mangelndem Wohlbefinden resultieren kann, Erlebnisse stark abwertet (Han & Back 2007). Gerade dem Inszenierungs-Instrument „Besucher/Gast" kann aus der aktuellen Tourismusforschung erhöhte Bedeutung zugesprochen werden. Dabei muss das Verständnis des Gastes weg vom passiven Konsumenten gehen. Gäste wollen in der Erlebnisgenerierung aktiv partizipieren und involviert sein. Ein wichtiges Thema für Tourismusbetriebe stellt dabei die mentale (Interesse am Erlebten, z.b. geweckt durch Informationen zur Betriebsgeschichte) und physische (z.b. „Mitkochen" bei einer traditionellen Speise) Partizipation des Gastes in der Erlebnisgestaltung dar – die sogenannte Co-Creation (vgl. z.b. Prebensen & Xie 2017; Prebensen, Kim, & Uysal 2016; Sfanda & Björk 2013).

Verschiedenste Erkenntnisse der Tourismusforschung auf Betriebsebene lassen sich mit den Inszenierungs-Instrumenten in Verbindung bringen oder gar zuordnen. Aus diesen weiterführenden Erkenntnissen wurden einige Instrumente ent-sprechend angereichert und angepasst: z.b. durch die Empfehlung der Berück-sichtigung verschiedener Sinneswahrnehmungen durch Attraktionen und Aktivitäten oder der „Co-Creation" beim Gästeeinbezug.

3   Der Erlebnis-Check

3.1   Grobkonzept des Erlebnis-Checks

Der Erlebnis-Check wurde als Online-Tool konzipiert. Betriebe, die das Wahlmodul zur betrieblichen Erlebnisqualität gewählt haben, können direkt über ihren Webbrowser auf das Instrument zugreifen. Die Grundidee des Checks ist es, dass Führungskräfte eine Begehung des eigenen Betriebes oder eines Teilbereiches des Betriebes mit einem oder zwei Mitarbeitenden durchführen und ihre betriebliche Erlebnisqualität kritisch hinterfragen. Dabei sollen Fotos zur bisherigen Umsetzung der Inszenierungs-Instrumente (Müller & Scheurer 2007) aufge-nommen werden, um den Ist-Zustand im Betrieb abzubilden. Bei der Begehung soll das Bewusstsein für gute oder mangelhafte Umsetzungen geschärft werden. Die Führungskräfte und Mitarbeitenden sollen dabei eine Gästesicht auf die Rahmenbedingungen für Erlebnisse einnehmen. Anschliessend wählen die

Unternehmer jene Inszenierungs-Instrumente aus, bei welchen sie Verbesserungen erzielen möchten und leiten einen Soll-Zustand und Verbesserungsmassnahmen ab (vgl. Abbildung 3).

Abbildung 3: Grobkonzept des Erlebnis-Checks

Untersuchung der Inszenierungs-Instrumente aus Gästesicht		
Instrument	**IST-Zustand**	**SOLL-Zustand**
Leitthema	Für jedes Instrument: 1) Offene Frage: Was wird gemacht? 2) Aufnahme von mindestens einem Foto von guter oder schlechter Umsetzung 3) Offene Frage dazu: Was ist zu sehen? Was ist gut? Was ist mangelhaft? 4) Bewertung von Wichtigkeit und bisheriger Umsetzung im Betrieb aus Gästesicht	**Filterfrage:** Mit welchen Inszenierungs-Instrumenten möchten Sie sich gerne weiter beschäftigen und diese verbessern? Wählen Sie mindestens 2 aus. Dann je gewähltes Instrument: 1) Offene Frage: Was fehlt für eine ideale Umsetzung? Wohin soll sich das Inszenierungs-Instrument entwickeln? 2) Offene Frage: Welche Verbesserungsmassnahmen sind denkbar? 3) Welche 2-3 Verbesserungsmassnahmen sollen in den Aktionsplan übernommen werden?
Attraktionen und Aktivitäten		
Szenerie		
Besucherlenkung		
Wohlbefinden		
Besucher/Gäste		

Quelle: Eigene Darstellung

3.2 Feinkonzept des Erlebnis-Checks

3.2.1 Auswahl des Teilbereiches

Zu Beginn des Erlebnis-Checks wählt die Führungskraft den Teilbereich im Betrieb aus, in welchem sie gerne die Erlebnisqualität analysieren möchte. Die Einschränkung auf einen Teilbereich ist nicht zwingend, kann aber sinnvoll sein, damit einfache und umsetzbare Verbesserungsmassnahmen generiert werden können. Je nach Betriebsgrösse könnte nämlich eine ganzheitliche Untersuchung eine grosse Herausforderung darstellen. Die Eingrenzung kann räumlich (z.B. nur auf eine Hotellobby) oder zeitlich (z.B. nur mit Bezug auf ein Jahresmotto) erfolgen. Weiter ist auch eine Beschränkung auf eine bestimmte Gäste-Zielgruppe (z.B. Familien) möglich, um sich auf die Erlebnisse dieser spezifischen Gruppe zu fokussieren. Der gewählte Teilbereich soll dabei aus Gästesicht für die Erlebnisgestaltung besonders relevant sein.

3.2.2 Ist-Analyse anhand der Inszenierungs-Instrumente

Anschliessend wird der Ist-Zustand der Erlebnisgestaltung je Inszenierungs-Instrument im gewählten Teilbereich anhand von verschiedenen offenen Fragen und Bewertungen zur Wichtigkeit des Instrumentes aus Gästesicht sowie zur bisherigen Umsetzung analysiert (vgl. Abbildung 3). So wird bspw. die IST-Analyse des Instrumentes „Besucher/Gäste" folgendermassen durchgeführt:

1. Theoretische Einleitung
2. Frage 1: Welche Möglichkeiten haben unsere Gäste (im ausgewählten Teilbereich), sich selber in ihrer Erlebnisgestaltung zu beteiligen?
3. Aufnahme von Fotos (mind. 1), die zeigen, wo sich Gäste betätigen können bzw. nur passiv sind (Fotos werden elektronisch im Tool hinterlegt)
4. Frage 2: Wie können sich unsere Gäste basierend auf den Fotos beteiligen? Wo sind unsere Gäste nur passive Teilnehmer?
5. Bewertungen: (a) Unseren (Ziel-)Gästen ist es sehr wichtig, sich aktiv in der Erlebnisgestaltung zu beteiligen und (b) Unsere Gäste können bereits sehr aktiv in ihrer Erlebnisgestaltung teilnehmen (jeweils von „trifft überhaupt nicht zu" bis „trifft voll und ganz zu")

Damit die Betriebe bei der Beurteilung ihrer momentanen Umsetzung Anhaltspunkte haben, wurden ihnen auf einem Factsheet Best-Practice-Beispiele zur Verfügung gestellt. So zeigt unser fiktives Beispiel „Das Honighotel" eine stringente Erlebnisorientierung betreffend aller Inszenierungs-Instrumente. Der fiktive Betrieb richtet sich konsequent nach dem Thema Honig, was sich auch in der Szenerie niederschlägt: Im hoteleigenen Garten steht ein Bienenhaus, im Hotel selber sind Elemente im Bienenwabendesign gehalten (z.B. Speisesaal, Wellnessbereich). Die Besucherlenkung wird mit Informationstafeln, die mit Bienensymbolen gekennzeichnet sind, sichergestellt. Honig-Gourmetmenüs oder auch ein informativer Rundgang zum Bienenhaus stellen beispielhafte Aktivitäten und Attraktionen des Hotels dar. Im Rahmen eines Workshops können die Gäste sogar selber Honig ernten (Co-Creation). Das Wohlbefinden der Gäste wird bspw. durch viele gemütliche Sitzgelegenheiten in Gesellschaftsräumen und einen Kinderhort sichergestellt (vgl. Abbildung 4).

Abbildung 4: Fiktiver Beispielbetrieb „Das Honighotel"

Quellen: www.bieri-holzbau.ch; www.zoover.de; www.pinterest.com; www.imker-nettetal.de; www.etsy.com

3.2.3 Soll-Analyse und Auswertung

Nach der Analyse des Ist-Zustandes erfolgt eine automatisierte Zwischen-auswertung. In Anlehnung an die „Importance-Performance-Matrix" (Martilla & James 1977) wird aus den Bewertungen zu Wichtigkeit und bisheriger Umsetzung der Inszenierungs-Instrumente eine Grafik erstellt (vgl. Abbildung 5). Die Matrix soll den Betrieben helfen, Handlungsbedarf in den Inszenierungs-Instrumenten zu priorisieren. Die Matrix unterteilt die Inszenierungs-Instrumente gemäss Bewertungen nach Umsetzung und Wichtigkeit in vier Quadranten: Im einen Quadrant (links oben: hohe Wichtigkeit, tiefer Umsetzungsgrad) sind strategisch wichtige Instrumente mit unmittelbarem Handlungsbedarf angeordnet, während im Bereich rechts unten kein Handlungsbedarf besteht (tiefe Wichtigkeit, hoher Umsetzungsgrad). Ein Quadrant (rechts oben: hohe Wichtigkeit, hoher Umsetzungsgrad) beinhaltet Instrumente, die bereits gut umgesetzt sind, aber weiterhin stetiger Verbesserung bedürfen, weil sie strategisch wichtig sind. Im Quadranten links unten wären Verbesserungen möglich, jedoch nicht von besonderer Wichtigkeit (tiefe Wichtigkeit, tiefer Umsetzungsgrad). Die Führungs-kraft wählt nach Betrachtung der Matrix Instrumente aus, mit denen sie sich weiter beschäftigen und Verbesserungen erzielen will.

Abbildung 5:   Matrix zur Auswahl der Inszenierungs-Instrumente

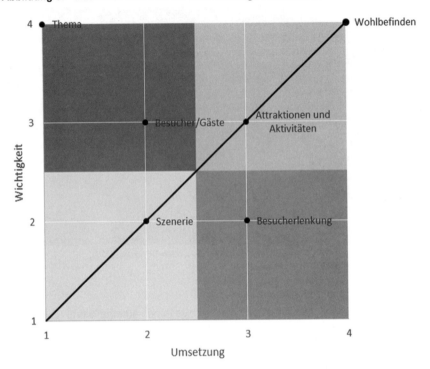

Quelle: Eigene Darstellung in Anlehnung an Martilla und James (1977)

Nach der Auswahl von mindestens 2 Instrumenten wird der Soll-Zustand abgeleitet. Die aufgenommenen Fotos werden jeweils wieder eingeblendet sowie auch die gegebenen Antworten auf die vorherigen Fragen bezüglich momentaner Gestaltung des Instrumentes. Auf dieser Grundlage leiten die Teilnehmer ab, wie ideale Umsetzungen in Zukunft aussehen könnten. Weiter sollen die Führungs-kräfte Verbesserungsmassnahmen ableiten, um einen solchen Zustand zu erreichen. Die Verbesserungen können elektronisch direkt für einen Aktionsplan vorgemerkt werden, den Betriebe im Rahmen vom „Qualitäts-Programm 3.0" erstellen. Nachdem der Soll-Zustand ermittelt wurde, wird automatisch ein Aus-wertungsbericht erstellt mit der Matrix-Darstellung der Inszenierungs-Instrumente sowie den abgeleiteten Verbesserungsmassnahmen.

4   Diskussion

Erlebnisorientierung auf Destinationsebene wird im Schweizer Tourismus alleine nicht genügen. In der Erlebnisförderung sind Destinationen in ihrer Angebotsgestaltung dabei vermehrt auf die individuellen Leistungserbringer angewiesen. Damit wird die konkrete Angebotsgestaltung auf Betriebsebene angesprochen: Wenn Betriebe ihre Angebote erlebnisreich gestalten und sich auf den Destinationskontext abstimmen, kann damit gemeinsam die Destinationsqualität vorangetrieben werden. Für Betriebe ist Erlebnisorientierung konkret ein Mittel, um im Zeitalter des qualitätsorientierten Tourismus erhöhte Zahlungsbereitschaften von Gästen abzuschöpfen. Gerade im Kontext des Schweizer Tourismus, in welchem großer Druck auf den Margen der Betriebe lastet, kann so neues Potential zur Wertgenerierung erschlossen werden. Dass der Erlebnistrend in der Angebotsgestaltung auf Betriebsebene – und nicht nur auf Destinationsebene – berücksichtigt wird, ist somit wichtig für die Wettbewerbsfähigkeit des Schweizer Tourismus.

Die Förderung der Erlebnisqualität ist keine einfache Aufgabe. Unternehmer sind im Schweizer Tourismus stark gefordert und meistern oft viele Aufgaben des operativen Tagesgeschäfts. Die Gefahr besteht, dass längerfristige, strategische Gedanken z.B. zur Erlebnisgestaltung vernachlässigt werden. Und selbst dann, wenn sich Unternehmer der Wichtigkeit einer erlebnisorientierten Angebotsgestaltung bewusst sind, garantiert ein Konzept noch keinen Erfolg. Angebote müssen den Bedürfnissen aus Gästesicht entsprechen. Zudem ist die praktische Umsetzung einer erlebnisreichen Angebotsgestaltung sehr herausfordernd (vgl. Morgan, Elbe, & Curiel 2009).

Der Prüfstelle des Qualitäts-Programmes (STV) hat sich dieser Problemstellung angenommen und kann mit einem neuen Wahlmodul sowohl für die Thematik sensibilisieren als auch mit dem Erlebnis-Check konkrete Unterstützung zur strukturierten Umsetzung anbieten. Den Betrieben wird ermöglicht, ein sehr aktuelles Thema in Forschung und Praxis aufzunehmen, in spielerischer Art und Weise mit Mitarbeitenden theoretisches Wissen dazu anzueignen sowie dieses auf den eigenen Betrieb anzuwenden. Die Betriebe profitieren nicht nur durch einen Anforderungsnachweis im Rahmen des Qualitäts-Programmes. Durch die Heranführung an konkrete Verbesserungsmassnahmen kann der Betrieb seine Rahmenbedingungen für Gästeerlebnisse selbständig kontinuierlich verbessern. Dadurch wiederum sollen die Gästezufriedenheit und auch der wirtschaftliche Erfolg positiv beeinflusst werden.

Literaturverzeichnis

Agapito, D., Mendes, J., Valle, P. (2013): Exploring the conceptualization of the sensory dimension of tourist experiences. *Journal of Destination Marketing & Management 2 (2)*, S. 62-73.

Barmettler, L., Murer, L. (2017): Die Rolle der Mitarbeitenden auf das Erlebnis-konzept eines touristischen Betriebes. Unveröffentlichte Seminararbeit an der Forschungsstelle Tourismus (CRED-T) der Universität Bern, Bern.

Brent Ritchie, J. R., Tung, V. W. S., Ritchie, R. J. B. (2011): Tourism experience management research. Emergence, evolution and future directions. *International Journal of Contemporary Hospitality Management 23 (4)*, S. 419-438.

Brunner-Sperdin, A., Peters, M. (2009): What Influences Guests' Emotions? The Case of High-quality Hotels. *International Journal of Tourism Research 11 (2)*, S. 171-183.

Gilmore, J. H., Pine, B. J. (2002): Differentiating Hospitality Operations via Experiences. Why Selling Services Is Not Enough. *The Cornell Hotel and Restaurant Administration Quarterly 43 (3)*, S. 87-96.

Han, H., Back, K-J. (2007): Assessing Customer's Emotional Experiences Influencing Their Satisfaction in the Lodging Industry. *Journal of Travel and Tourism Marketing 23 (1)*, S. 43-56.

Laubscher, T., Rageth, C. (2017): Das Emmental erleben: Erlebniskonzepte und –Theorien auf Destinationsebene. Unveröffentlichte Seminararbeit an der Forschungsstelle Tourismus (CRED-T) der Universität Bern, Bern.

Martilla, J. A., James, J. C. (1977): Importance-Performance Analysis. *Journal of Marketing 41 (1)*, S. 77-79.

Morgan, M., Elbe, J., Curiel, J. d. E. (2009): Has the Experience Economy Arrived? The Views of Destination Managers in Three Visitor-dependent Areas. *International Journal of Tourism Research 11 (2)*, S. 201-216.

Müller, H. (2008): Freizeit und Tourismus – Eine Einführung in Theorie und Praxis. *Berner Studien zu Freizeit und Tourismus Nr. 41*, 11. Auflage, Bern.

Müller, H. (2011): Tourismuspolitik – Wege zu einer nachhaltigen Entwicklung, *Reihe „Kompaktwissen CH"*, Band 14, Glarus/Chur: Rüegger Verlag.

Müller, H., Scheurer, R. (2007): Tourismus-Destination als Erlebniswelt. Ein Leitfaden zur Angebotsinszenierung, 2. Auflage, Forschungsinstitut für Freizeit und Tourismus (FIF) der Universität Bern, Bern.

Pine, B. J., Gilmore, J. H. (1998): Welcome to the Experience Economy, *Harvard Business Review 76*, S. 97-105.

Pine, B. J., Gilmore, J. H. (1999): The Experience Economy: Work is Theatre & Every Business a Stage, 1. Auflage, Harvard Business School Press, Boston, Massachusetts.

Prebensen, N. K., Xie, J. (2017): Efficacy of co-creation and mastering on perceived value and satisfaction in tourists' consumption. *Tourism Management 60*, S. 166-176.

Prebensen, N. K., Kim, H. L., Uysal, M. (2016): Cocreation as Moderator between the Experience Value and Satisfaction Relationship. *Journal of Travel Research 55 (7)*, S. 934-945.

Scheurer, R. (2003): Erlebnis-Setting: Touristische Angebotsgestaltung in der Erlebnisökonomie, 1. Auflage, Forschungsinstitut für Freizeit und Tourismus (FIF) der Universität Bern, Bern.

SECO (2014): Auswertung des Tourismus Forums Schweiz (TFS) 2014 zum Thema „Touristische Produktentwicklung: Grundlage für eine erfolgreiche Marktbearbeitung", Bern.

Sfanda, C., Björk, P. (2013): Tourism Experience Network: Co-Creation of Experiences in Interactive Processes. *International Journal of Tourism Research 15 (5)*, S. 495-506.

Sorensen, F., Jensen, J. F. (2015): Value creation and knowledge development in tourism experience encounters. *Tourism Management 46*, S. 336-346.

ST (2017): Schweiz Tourismus – Produktentwicklung
URL: http://www.stnet.ch/de/dienstleistungen/Enjoy-Switzerland.html [02.08.2017].

Tussyadiah, I. P. (2014): Toward a Theoretical Framework for Experience Design in Tourism. *Journal of Travel Research 53 (5)*, S. 543-564.

Walls, A. R., Okumus, F., Wang, Y. R., Kwun, D. J-W. (2010): An epistemological view of consumer experiences. *International Journal of Hospitality Management 30 (1)*, S. 10-21.

Autorenverzeichnis

Univ.-Prof. Dr. Bruno **Abegg**
Institut für Geographie
Universität Innsbruck
Innrain 52
AT-6020 **Innsbruck**
bruno.abegg@uibk.ac.at

Roland **Anderegg**
Hochschule für Technik und Wirtschaft (HTW) Chur
Institut für Tourismus- und Freizeit
Comercialstrasse 22
7000 **Chur**
roland.anderegg@htwchur.ch

Julia **Angermann**
Institut für Geographie
Universität Innsbruck
Innrain 52
AT-6020 **Innsbruck**
julia.angermann@student.uibk.ac.at

Dr. Monika **Bandi Tanner**
Forschungsstelle Tourismus (CRED-T)
Universität Bern
Schanzeneckstrasse 1
3001 **Bern**
monika.bandi@cred.unibe.ch

Severin **Baumgartl**
Institut für Geographie
Universität Innsbruck
Innrain 52
AT-6020 **Innsbruck**
severin.baumgartl@student.uibk.ac.at

Alexander **Bauer**
Institut für Geographie
Universität Innsbruck
Innrain 52
AT-6020 **Innsbruck**
alexander.bauer@student.uibk.ac.at

Prof. Dr. Pietro **Beritelli**
IMP-HSG
Dufourstrasse 40a
9000 **St. Gallen**
pietro.beritelli@unisg.ch

Lisa **Fickel**
Hochschule Luzern – Wirtschaft
Institut für Tourismuswirtschaft (ITW)
Rösslimatte 48
6002 **Luzern**
lisa.fickel@stud.hslu.ch

Dr. Daniel **Fischer**
Daniel Fischer & Partner
Management & Marketing Consulting
Brüggbühlstrasse 32h
3172 **Niederwangen**
daniel.fischer@danielfischerpartner.ch

Edgar **Grämiger**
grischconsulta AG
Untere Industrie 11a
7304 **Maienfeld**
egraemiger@grischconsulta.ch

Christian **Gressbach**
Hochschule für Technik und Wirtschaft (HTW) Chur
Institut für Tourismus- und Freizeit
Comercialstrasse 22
7000 **Chur**
christian.gressbach@htwchur.ch

Carmen **Heinrich**
grischconsulta AG
Untere Industrie 11a
7304 **Maienfeld**
cheinrich@grischconsulta.ch

MScBA Annika **Herold**
Daniel Fischer & Partner
Management & Marketing Consulting
Brüggbühlstrasse 32h
3172 **Niederwangen**
annika.herold@danielfischerpartner.ch

Julia **Huilla**
Hochschule Luzern – Wirtschaft
Institut für Tourismuswirtschaft (ITW)
Rösslimatte 48
6002 **Luzern**
julia.huilla@hslu.ch

Richard **Kämpf**
Eidgenössisches Departement für Wirtschaft, Bildung und Forschung WBF
Staatssekretariat für Wirtschaft SECO
Ressort Tourismuspolitik
Holzikofenweg 36
3003 **Bern**
richard.kaempf@seco.admin.ch

Daniel **Kern**
grischconsulta AG
Untere Industrie 11a
7304 **Maienfeld**
dkern@grischconsulta.ch

Florian **Kreß**
Institut für Geographie
Universität Innsbruck
Innrain 52
AT-6020 **Innsbruck**
florian.kreß@student.uibk.ac.at

Prof. Dr. Christian **Laesser**
IMP-HSG
Dufourstrasse 40a
9000 **St. Gallen**
christian.laesser@unisg.ch

Prof. Dr. Dipl.-Psych. Martin **Lohmann**
Institut für experimentelle Wirtschaftspsychologie
Leuphana Universität Lüneburg/Deutschland
Wilschenbrucher Weg 84 A
DE-21335 **Lüneburg**
m.lohmann@leuphana.de

157

Lic. oec. Roland **Lymann**
Hochschule Luzern – Wirtschaft
Institut für Tourismuswirtschaft (ITW)
Rösslimatte 48
6002 **Luzern**
roland.lymann@hslu.ch

Adrian **Pfammatter**
Forschungsstelle Tourismus (CRED-T)
Universität Bern
Schanzeneckstrasse 1
3001 **Bern**
adrian.pfammatter@cred.unibe.ch

Dr. Frieda **Raich**
Kohlstatt 55
IT-39015 **St. Leonhard**
frieda@raich.it

Dr. Stephan **Reinhold**
IMP-HSG
Dufourstrasse 40a
9000 **St. Gallen**
stephan.reinhold@unisg.ch

Thomas **Reisenzahn**
Prodinger Tourismusberatungs GMBH
Franzensgasse14/1+7
AT-1050 **Wien**
t.reisenzahn@prodinger.at

Christoph **Schlumpf**
Eidgenössisches Departement für Wirtschaft, Bildung und Forschung WBF
Staatssekretariat für Wirtschaft SECO
Ressort Tourismuspolitik
Holzikofenweg 36
3003 **Bern**
christoph.schlumpf@seco.admin.ch

Angela **Steffen**
Hochschule Luzern – Wirtschaft
Institut für Tourismuswirtschaft (ITW)
Rösslimatte 48
6002 **Luzern**
angela.steffen@hslu.ch

Ass.-Prof. Dr. Robert **Steiger**
Institut für Geographie
Universität Innsbruck
Innrain 52
AT-6020 **Innsbruck**
robert.steiger@uibk.ac.at

Prof. Dr. Jürg **Stettler**
Hochschule Luzern – Wirtschaft
Institut für Tourismuswirtschaft (ITW)
Rösslimatte 48
6002 **Luzern**
juerg.stettler@hslu.ch

MA Patrick **Stoiser**
Prodinger Tourismusberatungs GMBH
Franzensgasse14/1+7
AT-1050 **Wien**
p.stoiser@prodinger.at

Philipp **Wagner**
NIT, Institut für Tourismus-und Bäderforschung in Nordeuropa
Fleethörn 23
DE-4105 **Kiel**
philipp.wagner@nit-kiel.de

Anna **Wallebohr**
Hochschule Luzern – Wirtschaft
Institut für Tourismuswirtschaft (ITW)
Rösslimatte 48
6002 **Luzern**
anna.wallebohr@hslu.ch

Roger **Walser**
Hochschule für Technik und Wirtschaft (HTW) Chur
Institut für Tourismus- und Freizeit
Comercialstrasse 22
7000 **Chur**
roger.walser@htwchur.ch

Dr. Roland **Zegg**
grischconsulta AG
Untere Industrie 11a
7304 **Maienfeld**
rzegg@grischconsulta.ch

FH-Prof. Dr. habil. Anita **Zehrer**
MCI Management Center Innsbruck
Zentrum Familienunternehmen
Universitätsstrasse 15
AT-6020 **Innsbruck**
anita.zehrer@mci.edu